Markus Brandstätter
Kinematographische Differenz

Film

Für Omimono, meine Mutter und H.E.

Markus Brandstätter (Dr. phil.), geb. 1975, lebt, denkt, arbeitet und experimentiert freischaffend in Kärnten und Wien. Er setzt sich besonders mit Bewegungsbildern (Kinematograph/Projektion) und den damit verbundenen Problemen menschlicher Wahrnehmung (Illusion/Täuschung) sowie deren gesellschaftlicher Auswirkung auseinander.

Markus Brandstätter

Kinematographische Differenz

Film und Wahrnehmung

[transcript]

Grundlage der Publikation ist meine im August 2006 eingereichte Dissertation an der Alpen-Adria-Universität Klagenfurt.

Bibliografische Information der Deutschen Nationalbibliothek
Die Deutsche Nationalbibliothek verzeichnet diese Publikation in der Deutschen Nationalbibliografie; detaillierte bibliografische Daten sind im Internet über http://dnb.d-nb.de abrufbar.

transcript Verlag | Hermannstraße 26 | D-33602 Bielefeld | live@transcript-verlag.de

Umschlagkonzept: Kordula Röckenhaus, Bielefeld
Umschlagabbildung: Markus Brandstätter
Satz: Markus Brandstätter
Printed in Germany
Print-ISBN 978-3-8376-3713-7
PDF-ISBN 978-3-8394-3713-1

Gedruckt auf alterungsbeständigem Papier mit chlorfrei gebleichtem Zellstoff.
Besuchen Sie uns im Internet: *http://www.transcript-verlag.de*
Bitte fordern Sie unser Gesamtverzeichnis und andere Broschüren an unter: *info@transcript-verlag.de*

Inhalt

Anstelle einer Vorbemerkung

Ich kann mir nicht denken, die Natur sei vor Rousseau unbekannt gewesen; noch die Methode vor Descartes; noch die Erfahrung vor Bacon; noch alles Einleuchtende vor dem oder jenem. Doch einer hat die Trommel geschlagen. Bald ist die Landschaft im Fenster nur ein Bild an der Wand; bald ist das Zimmer nur eine Schale inmitten der Bäume, die mich hindert, das Ganze zu sehen, nicht aber, in ihm zu sein. Es ist bloß eine perspektivische Störung, so wie ein Blatt die Aussicht auf ein Dorf verstellt.

Windstriche, Paul Valéry

[vor-läufig][1]

Ein [Satzmodell] bildet ein [Modell] von [Einstellungen] in einem [bildhaften Stil].
Ein [Satzmodell] besitzt wie eine [Einstellung] eine [Dauer].
[Ein – Stellungen] sind [Bilder – Bewegungen].[2]

---

1 Zeichenbewegungen in [] sind [begrifflich] und als [Modell] zu gebrauchen

2 »Wieviel Tinten-Blut ist vergossen worden aus dem inständigen Wunsch, die Form ausschließlich als vom griechischen ›Formos‹ – Weidenkorb – abgeleitet zu begreifen, mit allen sich daraus ergebenden ›organisatorischen Schlussfolgerungen‹. Ein Weidenkorb, in dem sich dieses unglückliche ›Zu-Beinhaltende‹ – auf den Tintenströmen der Polemik schaukelnd – ausruht. Unterdessen hätte es sich aber durchaus gelohnt, einen Blick nicht ins griechische Wörterbuch, sondern ins Fremdwörterbuch zu werfen, wo sich nämlich herausstellt, dass Form im Russischen gleichbedeutend mit Bild ist. Bild (obraz) aber entsteht an der Kreuzung der Begriffe ›Schnitt‹ (obrez) und ›Bloßlegen‹ (abnaruzenie). (›Etymologisches Wörterbuch der russischen Sprache‹ von A. Preobrashenski). Zwei Termini also, die die Form hervorragend von beiden Standpunkten aus charakterisieren: Aus individuellstatistischer Sicht (an und für sich) als einen ›Schnitt‹, ein Sichabgrenzen der betreffenden Erscheinung von anderen Begleitumständen und – Erscheinungen. …
›Bloßlegung‹ charakterisiert jedoch den Begriff Bild auch von einer anderen Warte her, nämlich der eines gesellschaftlichen Aktes der ›Bloßlegung‹, also unter dem Aspekt der Feststellung der gesellschaftlichen Verbindung einer be-

In einem [Modell von Ein – Stellungen] gelten Montageregeln.
Eine Menge von [Satzmodellen] bildet eine Menge von [bildhaften Ein – Stellungen].

[Schnitt]

Durch einen [Schnitt] bringt sich [Form] zum [Erscheinen].
Der [Schnitt] ist ein [immanent – organisierter Prozess] zwischen [Dunkelheit] und [erscheinen]. Er ist ein [werden] und in sich [organisch].

Ein [Zeichen] besitzt eine [Form].

[A]

Ein [Zeichen] vollzieht durch die [Bloßlegung] seiner [Form] einen [Schnitt].
Ein [Bild] [zeigt] [zumindest] die [Bloßlegung] [einer] [Form].
Ein [Zeichen] ist ein [Bild].

Für Wittgenstein ist die Zahl eine Art der Darstellung.

»Wenn ich sage: auf dem Tisch liegen 4 Bücher so könnte ich dasselbe auch ohne Hilfe der Zahl 4 ausdrücken etwa mit Hilfe einer anderen

---

treffenden Erscheinung mit ihrem Umfeld. ›Inhalt‹ – ist ein des In-sich-Zusammenhaltens, ein Organisationsprinzip, würden wir in unserer heute üblichen Ausdrucksweise sagen. Das Prinzip der Organisation des Denkens ist der faktische ›Inhalt‹ eines Werkes. Jenes Prinzip, das durch die Gesamtheit der sozial-physiologischen Reizerreger materialisiert wird, zu dessen Bloßlegung die Form das Mittel ist.« [Das dynamische Quadrat – [Schriften zum Film]], Sergej Eisenstein, Verlag Philipp Reclam jun. Leipzig 1988, 1. Auflage, S. 62

Zahl. Die 4 kommt in meine Darstellung dadurch daß ich sie in Form eines Satzes über a, b, c, d ausdrücke.«[3]

Dieser [Satz] handelt nicht nur von [vier] [Dingen]. Er handelt von [vier] [Büchern].
Für Wittgenstein handelt ein Satz von 4 Dingen, wenn er von a, b, c, d handelt. Das charakteristische ist für Wittgenstein, dass man was man zählt durch Substantive bezeichnet. Die Zahl 4 übt nicht nur eine einfache [Zählerfunktion] aus, sie birgt zugleich das [Vermögen] [Vorstellungsbilder] zu [ent – werfen] in sich.

[4]

[Buch] – [Buch] – [Buch] – [Buch]
4 [Bloßlegungen] von [organischer Form].
4 [Bücher].
[4] selbst ist [Bloßlegung] von [Form].

vor–läufiger Folgesatz:
Durchläuft eine [Bloßlegung] durch Vollzug des [Schnitts] die eigene [Form], [organisiert] sie ihre [Form] zu einer [organischen Form].

»Ich lag also in meinem eigenen Abgrund – der, weil er meiner war, doch nicht weniger Abgrund war-, ich lag also in meinem eigenen Abgrund, unfähig, einem Kind, einem Wilden, einem Erzengel – mir selber – dieses Wort Intellektuell zu erklären, das keinem Menschen irgendwelche Schwierigkeiten bereitet. Nicht, daß es mir an Bildern gefehlt hätte. Sondern im Gegenteil, bei jeder Befragung meines Geistes durch dieses schreckliche Wort antwortete das Orakel mit einem anderen Bild. Alle waren einfältig. Keines hob die Empfindung des Nichtbegreifens restlos auf.

3 [Wiener Ausgabe, Studien Texte], original Ausgabe erschienen als [Luwig Wittgenstein – Wiener Ausgabe], Ludwig Wittgenstein, Band I, Philosophische Bemerkungen, Springer-Verlag/Wien 1994, S. 7

Traumfetzen kamen mir.
Ich formte Gestalten, die ich ›Intellektuelle‹ nannte. Beinahe unbewegliche Menschen, die große Bewegungen in der Welt verursachten. Oder sehr lebhafte Menschen, deren rasche Hand- und Mundbewegungen undurchdringliche Mächte und in ihrem Wesen unsichtbare Gegenstände ans Licht brachten... Ich bitte Sie um Verständnis, wenn ich Ihnen die Wahrheit sage. Ich sah, was ich sah.«[4]

[Monsieur Teste] stellt sich die Frage: [Was vermag der Mensch?]
[Zumindest] ist der [Mensch] die [Bloßlegung] seiner [eigenen organischen Form] und er vermag [zumindest] die [Bloßlegung] einer [organischen Form] zu [erkennen].
Seien es auch [undurchdringliche Mächte] welche durch ihr [Wesen] den [Menschen] [affizieren] und [unsichtbare Gegenstände] ans [Licht] bringen.

[Durchläuft] sich in der [Immanenz] einer [Bloßlegung] ein [Schnitt] – [vollzieht] sich eine [Bloßlegung von Form]. Ein solcher [Schnitt] ist [Immanenz] in ihrem [reinen Leben]. Der [Schnitt] ist [Leben].

[Übergang]

Jede [Bloßlegung von Form] besitzt eine ihr [immanente Dauer]. Auch der [Übergang] besitzt eine [immanente Dauer] und [dauert] in seiner [Bewegung] [während] seines [Übergangs] an. [Zugleich] [entfaltet] sich im [übergehen] eine [Verschränkung].

[A] [] [B]

Zwischen [A] und [B] findet ein [Übergang] statt. Dieser [Übergang] [] [organisiert] die [Bloßlegung] der [Form] [A] hin zur [Bloßlegung] der

4 [Monsieur Teste], Brief eines Freundes, Paul Valéry, Suhrkamp Verlag Frankfurt am Main, Erste Auflage 1995, S. 33

[Form] [B] – oder umgekehrt. Sind [A] und [B] bereits [organisierte Formen] so ist der [Übergang] die [Konzentration] auf das [Vermögen] der bereits [organisierten Formen] schlechthin. Der [Übergang] selbst ist jedoch keine [eigenständige Form].

Ein [Übergang] ist [evolutive Bloßlegung von Form].
Durch den [Übergang] kann die [organische Form] [A] zu einer [organischen Form] [B] [adaptiert] werden und umgekehrt die [organische Form] [B] zur [organischen Form] [A].
Der [Übergang] ist ein [Kräfteverhältnis] zwischen der [organischen Form] [A] und der [organischen Form] [B].

Je intensiver sich dieses [Kräfteverhältnis] durchläuft, desto [intensiver] zeigt sich die [Bloßlegung] der [organischen Formen].

[A][[[[]]]][B]

[Folgesatz]:
Ein [Übergang] ist [organische Montage] und [organisiert] durch [evolutive Bloßlegung von Form] seine [Ein–Stellung] zu den [organischen Formen].

[Experiment]__[A][[b]n][B]

[A]

[b]_1

[b]_2

[b]_3

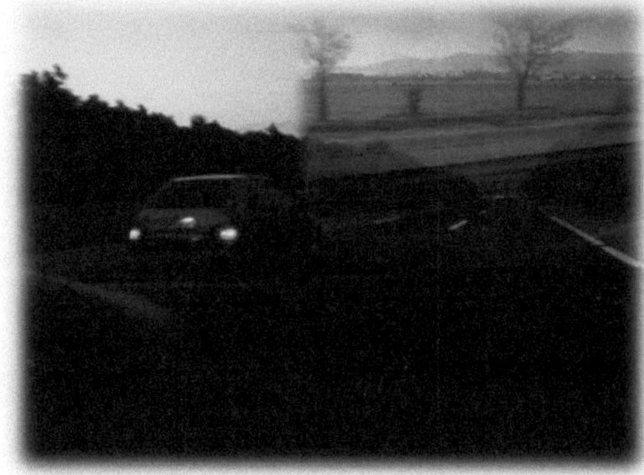

[b]_4

[B]

[Klärung]:

[A] Autofahrt nach Wien

[b] Busfahrt durch Bulgarien (Bild rechts oben)

[B] Autofahrt nach Wien mit Montage einer Busfahrt durch Bulgarien

[]_1...[]_4 = [n] [evolutive Bloßlegungen von Form] durch [organische Montage] von [A] zu [B]

[A] ist [B] [vorläufig]. In [A] ist bereits das [Vermögen] enthalten zu [B] [überzugehen]. [A] birgt ein [Potential] um [evolutive Bloßlegungen von Form] [frei – legen zu können].

Eine solche [frei – Legung] [evolutiver organischer Formen] ist [organische Montage] welche im [übergehen] [zugleich] eine [Verschränkung] [vollzieht].
So zeigt es sich im [vorläufigen] [Experiment], dass Bild [B], zwei [Bilder] – [A] und [b] [miteinander verschränkt].

Folgesatz:
Der [Übergang] leistet [Ein – Stellungen] um aus [vor – läufigen Bloßlegungen von Form] durch [organische Montage] [evolutive Bloßlegungen von Form] [frei – zu – legen].

Folgesatz:
In [vor – läufigen organischen Bloßlegungen von Form] befindet sich ein [evolutives Schöpfungs – Vermögen].

Bereits die [erste Bewegung] einer [Bloßlegung organischer Form] ist eine [Teilhabe] der [bloßgelegten Da–Seins–Form] an der [Immanenz].
»Das Dasein ›räumt ein‹, sofern es faktisch existiert. Die daseinsmäßige Räumlichkeit aber, auf Grund deren sich die Existenz je ihren ›Ort‹ bestimmt, gründet in der Verfassung des In-der-Welt-seins.«[5]
[Da – Sein] ist [Bloßlegung evolutiv organischer Form] und [räumt] sich in der [Bewegung] eines jeden [Durchlaufs] ein.

5 [Sein und Zeit], § 60, Martin Heidegger, Tübingen 1963, S. 299

»Der Erkennende ist ein Aufbauender! Die Erkenntnis des Lebens ist untrennbar mit dem Aufbau und der Umgestaltung des Lebens verbunden.«[6]

Analogsatz:
Der [Erkennende] ist ein ständig [Um – Montierender].
Jeder [Durch – Lauf] des [Erkennens] ist ein [um – montieren können].

[A] [] [B]
[B] [] [A]

Analogsatz:
[Erkennen] ist ein [übergehen] von [Bloßlegungen organischer Formen] zu [Bloßlegungen evolutiver Formen].

Folgesatz:
Der [Übergang] leistet [Ein – Stellungen] und ist dem [Durch – Lauf] des [Erkennens] [vor – läufig].

---

6 [Das dynamische Quadrat – [Schriften zum Film]], Sergej Eisenstein, Verlag Philipp Reclam jun. Leipzig 1988, 1. Auflage, S. 64

[Öffnung]

Eine [Bloßlegung organischer Form] ist dem [Übergang] [vor – läufig]. Die [Er – Öffnung] ist dem [Vor – läufigen] [vor – läufig]. So [entwirft] eine jede [Ein – Stellung] bereits in der ersten [Bewegung] ihrer [organisch bloßgelegten Form] durch ihre [Er – Öffnung] eine [Öffnung] zum [Ganzen], und damit ein [transzendentales Feld].

»Was ist ein transzendentales Feld? Es unterscheidet sich von der Erfahrung, sofern es nicht auf ein Objekt verweist und nicht einem Subjekt zugehört (empirische Vorstellung). Darum stellt es sich als reiner a-subjektiver Bewußtseinsstrom dar, als ursprüngliches prä-reflexives Bewußtsein, als qualitative Dauer des ichlosen Bewußtseins. Es vermag seltsam erscheinen, daß sich das Transzendentale durch solche unmittelbare Gegebenheiten definiert: Man wird von transzendentalem Empirismus sprechen, und zwar im Gegensatz zu all dem, was die Welt des Subjekts und des Objekts ausmacht. Es liegt etwas Wildes und Kraftvolles in einem derartigen transzendentalen Empirismus. Das ist gewiß nicht das Element der Empfindung(einfacher Empirismus), da die Empfindung nur ein Schnitt im Strom absoluten Bewusstseins ist. Es ist eher der Übergang von einer Empfindung zur anderen – wie nahe sie auch aneinanderliegen mögen -, als Werden, als Steigerung oder Minderung von Vermögen (virtuelle Quantität). Muß man demnach das transzendentale Feld durch das reine unmittelbare, objekt- und ichlose Bewußtsein definieren, das einer Bewegung ohne Anfang und Ende gleichkommt? (Selbst die spinozistische Konzeption des Übergangs oder der Quantität an Vermögen appelliert an das Bewußtsein.)«[1]

Jede [vor – läufige] [Ein – Stellung] [eröffnet] durch ihre [Er – Öffnung] ein [transzendentales Feld]. Damit ist sie nicht nur das [Empirische], sondern auch das [Transzendentale].
Die [Bloßlegung] einer [organischen Form] ist [Immanenz], ist [Leben] und [organisiert] in sich ein [Vermögen] ein [transzendentales Feld] zu [er – öffnen]. [Subjekt] und [Objekt] befinden sich nicht außerhalb des [transzendentalen Feldes]. Vielmehr sind sie [Teil] der [Bloßlegung] und zeigen sich für Deleuze als [ichlose Bewusstseine]. [Ichlose Bewusstseine] befinden sich bereits in der [Immanenz] einer [Ein – Stellung]. Die [reine Immanenz] ist [Leben].

[Öffnung] ist [Bereitschaft] [aller Bewusstseine].

Die [Vor – Läufigkeit] einer jeden [Öffnung] ist [sprunghaft].

[A][B]

[A] und [B] [können] sich als [eigenständige] [Ein – Stellungen] [frei – legen].

[A][B] – [AB] oder [BA] oder [B][A]

Doch bereits die [Er – Öffnung] der [Ein – Stellung] [A] [könnte] durch die [Öffnung] eines [transzendentalen Feldes] [die Fahrt nach Wien], als [vor – läufige] [Bloßlegung] [A] meinen. Eine solche [Öffnung] der [Ein – Stellung] zeigt sich als [Sprung].

1 [Die Immanenz: ein Leben…] aus [Gilles Deleuze – Fluchtlinien der Philosophie], Gilles Deleuze, aus, Friedrich Balke, Herausgeber Josef Vogl, Wilhelm Fink Verlag, München 1996, S. 29

»Man möchte sagen, die reine Immanenz sei EIN LEBEN und nichts anderes. Sie ist nicht Immanenz im Leben, vielmehr ist sie als Immanentes, das in nichts ist, selbst ein Leben. Ein Leben ist die Immanenz der Immanenz, die absolute Immanenz: Es ist vollkommenes Vermögen, vollkommene Glückseligkeit.«[2]

[Immanenz] [legt sich] als [Immanentes], welches [selbst] in [nichts] ist, [frei]. [Es] [lebt]. So [räumt] sich [A] durch [dauerhafte Öffnung] in der [Bewegung] der [Immanenz] ein [Da – Sein] ein.

Folgesatz:
Einer jeden [dauerhaften Öffnung] ist eine [Er – Öffnung] [vor – läufig].

Eine jede [Er – Öffnung] ist bereits [Teilhabe] an der [Bewegung] der [Immanenz].

Analogsatz:
Ein jedes [ichlose Bewusstsein] [appelliert] an die [Bewegung] der [Immanenz] und [konzentriert] durch [Er – Öffnung] eine [Dauer], ein [Werden].

Analogsatz:
Durch einen [Sprung] aus der [Bewegung] der [Immanenz] in die [Bewegung] der [Immanenz], [er – öffnet] sich, durch [dauerhafte Öffnung], eine [Dauer], ein [Werden].

Analogsatz:
[Durchläuft] eine [Bloßlegung] durch [Vollzug] des [Schnitts] die eigene [Form], [organisiert] sie ihre [Form] zu einer [evolutiv organischen Form].

2 Ibid. S. 30

Folgesatz:
Ein [Schnitt] ist ein [Sprung].

Ein solcher [Sprung_Schnitt] [er – öffnet] die Möglichkeit einer [Transzendenz] in der [Immanenz].

Folgesatz:
Eine jede [Öffnung] ist zugleich [Freilegung evolutiv organischer Form]. Sie erhält ihre [Bewegung], bereits in der [Ein – Stellung] ihrer [Er – Öffnung].

So [gründet] eine jede [Freilegung evolutiv organischer Form] in einer [scheinbar paradoxalen Gründung], [zweierlei Gründe] einer [immanenten Bewegung], [Sprung_Schnitt].
_ein jeder [Sprung] [entspringt] der [immanenten Bewegung einer Immanenz]
_ein jeder [Schnitt] [entspring]t einem [Bewusstsein einer Immanenz]
Ein solcher [Sprung_Schnitt] [er – öffnet] eine [Transzendenz] in der [Immanenz]

Folgesatz:
[Sprung_Schnitt] : eine [scheinbar paradoxale Ver – Drehung] der [Transzendenz einer Immanenz].

Lost Highway, David Lynch, 1997

In David Lynchs Lost Highway übernimmt eine Gefängniszelle die Funktion des [Sprung_Schnitts]. In ihr [entspringen] zwei [Bewusstseine], nämlich Fred Madison|Peter Dayton. Die erste [Ein – Stellung] des Films, zeigt jedoch die [Bewegung] über eine Straße.
Eine gelbe Mittellinie trennt die beiden Straßenhälften voneinander. Beide Straßenhälften werden von Autoscheinwerfern beleuchtet. Die [Bewegung] schlängelt sich entlang der Mittellinie und verliert sich im Dunkel.
Wir tauchen ein in die dunkle Welt von Renee und Fred Madison. Fred ist Tenorsaxophonspieler in der Luna Lounge.
[…]

Fred wird wegen des Mordes an Renee in eine Gefängniszelle gesperrt. Er leidet unter starken Kopfschmerzen. Die [Zelle] ist von [Dunkelheit] durchflutet.
Fred [phantasiert].
Wir sehen wieder die [Bewegung] über eine Straße. Die beiden Straßenhälften werden nun von zwei durchgehenden Sperrlinien getrennt.

Die [Zelle] ist ein [Ort] des [Übergangs].

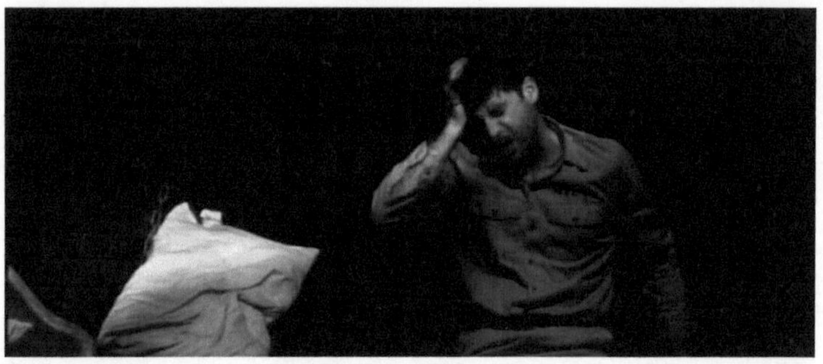

Aus Fred Madison wird Peter Dayton.
Aus Peter Dayton wird Fred Madison.

Die [Ein – Stellungen] der [Zelle], welche von David Lynch [ein – gestellt], [montiert] werden, dienen als [Er – Öffnung]. Zugleich dient die [Zelle] als [Öffnung] der beiden [Bewusstseine] Fred Madison|Peter Dayton. So können Fred|Pete durch diese [Öffnung] ihre jeweils [evolutiv organischen Formen] [frei – legen]. Der [Sprung] appelliert an die [evolutiv organischen Formen] Fred|Pete, der [Schnitt], an deren [Bewusstseine].

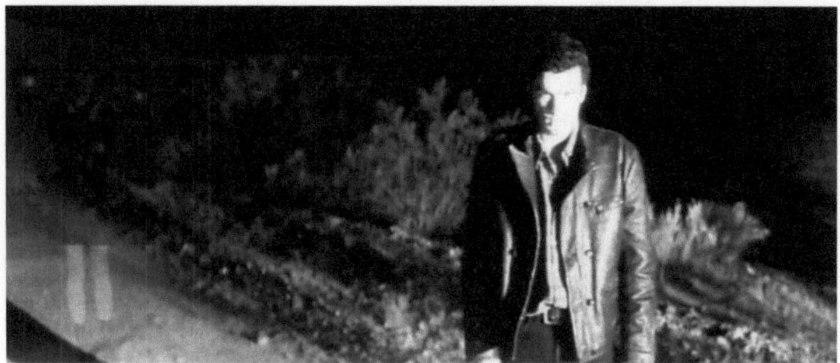

Die [Bewusstseine] Fred|Pete legen ihrerseits ihre eigenständigen [evolutiv organischen Formen] frei.
Für den [Zuseher] sind Fred|Pete [ichlose Bewusstseine], welche [Ein – Stellungen] [entspringen] und durch ihn zu eigenständigen [evolutiv organischen Formen] des [Fred|Pete Werdens] [geschnitten] werden. Der [Zuseher] ist Teil des [transzendentalen Feldes]. Der [Schnitt] und die [Bewegung] appellieren an sein [Bewusstsein]. Fred|Pete und der [Zuseher] befinden sich in einem [transzendentalen Feld] ihres eigenen [Werdens]. Es [stellt] sich mit dem [Zuseher] eine [gemeinsame immanente Bewegung], ein [Fred|Pete Werden], ein.

»Der Sinn muß auch in der umgekehrten Richtung der gleiche bleiben, da die Beziehung bezüglich des Sinns stets in beide Richtungen gleichzeitig geknüpft wird, insofern er alle Paradoxa des Verrückt-Werdens wieder aufsteigen läßt. Der Sinn ist immer doppelter Sinn und schließt aus, daß es einen richtigen Sinn oder eine richtige Richtung der Beziehung gibt. Die Ereignisse sind niemals Ursachen füreinander, sondern treten in Quasi-Kausalitätsbeziehungen ein, einer unwirklichen und phantomartigen Kausalität, die sich ständig in beide Richtungen wendet. Weder zur gleichen Zeit noch in bezug auf dasselbe Ding bin ich jünger und älter, sondern zur gleichen Zeit und durch dieselbe Erziehung werde ich es.«[1]

1 [Logik des Sinns], Gilles Deleuze, edition suhrkamp, Frankfurt am Main 1993, S. 53

In der [Zelle] erfährt die [Bewegung] des [Fred|Pete Werdens] ihre [Umpflanzung]. Der [Sinn] muss nach Deleuze auch in der umgekehrten [Richtung] der gleiche bleiben. An dem [Ort] der [Umpflanzung], der [Zelle], vollzieht sich das [Paradoxa des ver – rückt Werdens]. In ihr gibt es keine [richtige Richtung] des [Sinns]. [Sinn] ist immer [doppelter Sinn]. [Fred|Pete] ist [Werden]. Darum sind der [Bewegung] des [Pete Werdens], [richtungslose] [Ein – Stellungen] Freds [vor – läufig]. Ein solches [Werden] bringt sich in [Quasi – Kausalitätsbeziehungen] zum [Er – scheinen]. Diese [Quasi – Kausalitätsbeziehungen] [wenden] sich in beide [Richtungen]. Es gibt keine [Richtung des Vergangenen] und es gibt keine [Richtung des Zukünftigen]. Darum erinnert sich der Tenorsaxophonspieler, Fred, gern auf seine Weise an die Dinge. Er hält seine Gedanken, wie seine Frau, in einer sonderbar dunklen Sterilität gefangen. Eine solche [dunkle Sterilität] deutet in [viele Richtungen]. In einer solchen [Bewegung des Werdens] [entspringt] aus dem [einen] das [andere]. [Es wird] – durch die [gleiche Bewegung] und durch [dieselbe Beziehung]. Für Deleuze handelt es sich um das Paradox der sterilen Verdoppelung oder der trockenen Wiederholung. Ein solches [Paradox] nennt Deleuze das [Paradox der Stoiker].

»Diese Sterilität des Sinn-Ereignisses war dann auch einer der bemerkenswertesten Punkte der stoizistischen Logik: Einzig die Körper wirken und erleiden, nicht aber das Unkörperliche, das nur das Ergebnis von Aktionen und Passionen ist.«[2]

Eigentlich handelt es sich dabei um das [Paradox des ver – rückt – Werdens]. In einer Welt, in der einzig die [Körper] [wirken] und [erleiden], [ent – springt] [Alice – Renee], [Pete – Fred]. Es findet eine [doppelte Verdrehung] der [Paarungen] statt.
Ähnlich verhält es sich mit [Alice im Wunderland].

2 [Logik des Sinns], Gilles Deleuze, edition suhrkamp, Frankfurt am Main 1993, S. 53

»In der Klassifikation Carrolls wird dieses präzise Verhältnis ausschließlich durch N2 und N4 repräsentiert: N4 ist der Name, der den Sinn von N2 bezeichnet. Doch Lewis Carroll fügt noch zwei weitere Namen hinzu: Einen ersten, denn er behandelt das ursprüngliche bezeichnete Ding gerade wie einen Namen(das Lied); einen dritten, weil er den Sinn des Bezeichnungsnamens ebenfalls wie einen Namen behandelt, und zwar unabhängig vom Namen, der ihn seinerseits bezeichnen wird.«[3]

Deleuze spricht vom Lied des Weißen Ritters, aus »Alice hinter den Spiegeln«, von Lewis Carroll. Der Weiße Ritter erkannte die Traurigkeit Alice und bot ihr an, ein Lied zu singen, um sie zu trösten.

Der Weiße Ritter nennt Alice vier Namen des Liedes:
N1 – der Namen des Namens »Heringsköpfe«
N2 – der Name selbst »Der uralte Mann«
N3 – das Lied heißt »Trachten und Streben«
N4 – »Es ist das Lied ›Hoch droben auf der Pforten‹ und die Melodie dazu habe ich selbst erfunden«, so der Weiße Ritter zu Alice.

Für Deleuze gestaltet Carroll eine Regression mittels vierer nominaler Entitäten. Diese lassen sich bis ins Unendliche verschieben.

»Er zerlegt jedes Paar, er läßt jedes Paar erstarren, um ihm ein zusätzliches Paar zu entziehen.
... wir können uns mit einer Regression mit zwei abwechselnden Gliedern begnügen: der Name, der irgendetwas bezeichnet, und der Name, der den Sinn dieses ersten Namens bezeichnet. Diese Regression mittels zweier Glieder ist die Minimalbedingung der unbegrenzten Wucherung.«[4]

3 Ibid. S. 52

4 Ibid. S. 50

Folgesatz:
Lewis Carroll [er – öffnet] ein [Modell] von [Regressionen] und [unbegrenzten Wucherungen].

Analogsatz:
»Lost Highway« [er – öffnet] ein [Modell] von [Regressionen] und [unbegrenzten Wucherungen].

»Alice war es allmählich leid, neben ihrer Schwester am Bachufer stillzusitzen und nichts zu tun; denn sie hatte wohl ein- oder zweimal einen Blick in das Buch geworfen, in dem ihre Schwester las, aber nirgends waren darin Bilder oder Unterhaltungen abgedruckt - ›und was für einen Zweck haben schließlich Bücher‹, sagte sich Alice, in denen überhaupt keine Bilder und Unterhaltungen vorkommen?«[5]

Renee wird es wie Alice allmählich leid. Sie lebt in einer Welt ohne [Bewegung], ohne [bewegte Bilder]. Fred lebt in seiner eigenen Welt und Renee ist Teil seiner Welt.
Sie vervollständigt seine Welt.

[Renee|Fred]
[Alice|Pete]

[Alice|Pete] [bezeichnen] [Renee|Fred] und [Renee|Fred] [bezeichnen] [Alice|Pete].
Zwei denkende und handelnde [Paarungen] – [ohne gerichtete Richtung]. Es handelt sich um das [Modell einer Regression], ein [wildes wuchern], ein [ver – rückt Werden]. Es findet eine Art [Alice Bewegung] statt – denn die [vor – läufig] dunkle [Renee] wird zur blonden, [weiß] gekleideten [Alice] und diese [weiße Alice] [läuft] der [wild wuchernden Bewegung] [Pete|Fred] – [verdoppelte Verdrehung] – [vo-

5 [Alice im Wunderland], Lewis Carroll, Insel Verlag Frankfurt am Main 1963, erste Auflage 1973, S. 11

raus]. Die [Vorläufigkeit] von Renee [gründet] in der [Nachläufigkeit] von [Alice] – und die [Vorläufigkeit] von [Alice] in der [Nachläufigkeit] von [Renee].

Folgesatz:
[Vorläufigkeit] und [Nachläufigkeit] [zugleich].

Analogsatz:
[Alice Bewegung]

Darum [appelliert] diese [Alice Bewegung] an ein [verrückt – Werden] von [Fred|Pete]. Ein solches [verrückt – Werden] von [Fred|Pete] [wird] durch eine [verdoppelte Verdrehung] selbst zu einer [wild wuchernden Zelle].

[Fred|Pete] als [wild wuchernde Bewusst–Seine].

Folgesatz:
[Sprung|Schnitt] [wild wuchernder Zellen].

Freds Haus gleicht einer [befestigten Zelle].
Die Luna Lounge als [exzessive Zelle].
Die Gefängnis[zelle] als [Übergang].
Das [bewusst – Werden] [Fred|Pete] als [regressive Zelle].
Der [schwarze Mercedes] Mr. Eddys als [aggressiv – bewegte Zelle].
Das Holzhaus des Mystery Man als [brennende Zelle].
[Ein – Stellungen] als [abgeschlossene Zellen].
[Da – sein]

[Angst], [organloser Körper], [Wunschmaschine]

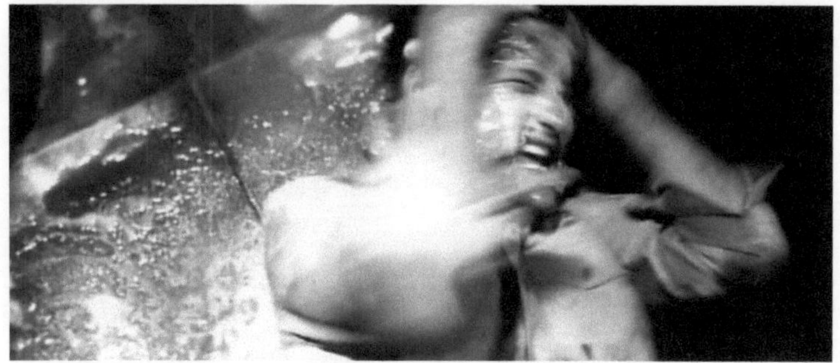

Auch wenn wir es hier mit [wild wuchernden Zellen], [Ein – Stellungen], welche sich durch [wilde Sprung|Schnitte] [organisieren] und [montieren], zu tun haben, haben wir es nicht mit einem [Sein], sondern vielmehr mit einem [Modell] von [Angst] zu tun. Und ein solches [Modell] von [Angst] [gründet] nicht in einem [möglichen Sein] – sondern vielmehr in der [schwebenden Bewegung] eines [möglichen Nichts].

»Die Angst offenbart das Nichts.«[1]

1 [Was ist Metaphysik], Martin Heidegger, Vittorio Klostermann GmbH, Frankfurt am Main 1943, Fünfzehnte Auflage 1998, S. 35

Für Martin Heidegger schweben wir in [Angst]. Er wird deutlicher und denkt [Angst] als ein [ent – schweben]. Die [Angst] ist es, so Heidegger, welche das [Seiende] im [Ganzen] zum [entgleiten] bringt.

»Darin liegt, daß wir selbst – diese seienden Menschen – inmitten des Seienden uns mitentgleiten. Daher ist im Grunde nicht ›dir‹ und ›mir‹ unheimlich, sondern ›einem‹ ist es so. Nur das reine Da-sein in der Duchschütterung dieses Schwebens, darin es sich an nichts halten kann, ist noch da.«[2]

Im [entgleiten] des [Ganzen] [drängt] sich das [Nichts] auf. In einer solchen [Unheimlichkeit] [er – öffnet] sich eine [leere Stille], eine [leere Ein – Stellung].

Folgesatz:
Eine [leere Vorläufigkeit und Nachläufigkeit] [zugleich].

Analogsatz:
[Angst] : [ent – schweben] eines [Da – seins] aus einem [Ganzen]

»In der Helle des Blickes, den die frische Erinnerung trägt, müssen wir sagen: wovor und worum wir uns ängsteten, war ›eigentlich‹ - nichts. In der Tat: das Nichts selbst – als solches – war da.«[3]

Die [Freilegung] des [Außen] [er – öffnet] sich in Lost Highway durch [Video Ein – Stellungen] – und diese [Video Ein – Stellungen] werden von einem Mystery Man [frei – gelegt]. In der [Bewegung] eines [Fred Werdens], [ängstet] sich der [Zuseher], durch das [ent – schweben] eines [äußeren Grundes], mit. Es [ent – springt] eine [Angst] aus einer [leeren Vorläufigkeit] – und eine solche [Angst] [zer – schneidet], [trennt durch].
[Fred] [zer – schneidet] [Renee].

2 Ibid. S. 35

3 Ibid. S. 35

[Pete] [durch – trennt] den Kopf des Pornofilmemachers.
[Fred] [durch – trennt] am Ende des Films die Luftröhre Mr. Eddys.
»Das Nichts enthüllt sich in der Angst«, so Heidegger. Es enthüllt sich aber nicht als [Seiendes] und ebenso wenig ist es als Gegenstand gegeben. [Angst] ist demnach kein erfassen des [Nichts] – jedoch wird das [Nichts] durch [Angst] [offenbart].

Folgesatz:
[Angst] [er – öffnet] [Nichts].

Jedoch [zeigt] sich für Heidegger, das [Nichts] nicht »neben« dem [Seienden] in einem [Ganzen], welches in einer seltsamen [Unheimlichkeit] steht.
»Wir sagen vielmehr: das Nichts begegnet in der Angst in eins mit dem Seienden im Ganzen.«[4] Doch was meint dieses »in eins mit«?

»In der Angst wird das Seiende im Ganzen hinfällig. In welchem Sinne geschieht das? Das Seiende wird doch durch die Angst nicht vernichtet, um so das Nichts übrigzulassen. Wie soll es das auch, wo sich doch die Angst gerade in der völligen Ohnmacht gegenüber dem Seienden im Ganzen befindet. Vielmehr bekundet sich das Nichts eigens mit und an dem Seienden als einem entgleitenden im Ganzen.«[5]

Es geschieht in der [Angst] keine [Vernichtung] des [ganzen Seienden] um daraus ein [Nichts] zu [er – halten], ebenso wenig [vollzieht] sich in der [Angst] eine [Verneinung] des [Seienden] [an sich], um daraus ein [Nichts] zu [extrahieren]. »Das Nichts begegnet vordem schon. Wir sagten, es begegne ›in eins mit‹ dem entgleitendem Seienden im Ganzen.«[6]
Für Heidegger liegt in der [Angst] eine [gebannte] [Ruhe].

4 Ibid. S. 36
5 Ibid. S. 36
6 Ibid. S. 37

In einer [gebannten Ruhe] [ent – gleitet] [Renee] [Fred]. Aus dem [ent – gleiten] eines [Ganzen] wird eine [Nichtung]. Und [Fred] [vollzieht] diese [Nichtung] indem er [Renee] [zer – schneidet].

Folgesatz:
Dem [Schnitt] [ent – gleitet] eine [Nichtung], wie wir durch [Angst] dem [Ganzen] [ent – gleiten].

Folgesatz:
[Angst] [schneidet].

Für Heidegger ist deshalb das [Nichts] durch seine [Nichtung] ein [abweisendes Verweisen] auf das [ent – gleitende Seiende]. Es [offenbart] sich das [Seiende] in seiner [verborgenen] [Befremdlichkeit] als das schlechthin [Andere] – und zwar gegenüber dem [Nichts] selbst.

»In der hellen Nacht des Nichts der Angst entsteht erst die ursprüngliche Offenheit des Seienden als eines solchen: daß es Seiendes ist – und nicht Nichts. Dieses von uns in der Rede dazugesagte ›und nicht Nichts‹ ist aber keine nachgetragene Erklärung, sondern die vorgängige Ermöglichung der Offenbarkeit von Seiendem überhaupt. Das Wesen des ursprünglich nichtenden Nichts liegt in dem: es bringt das Da-sein allererst vor das Seiende als ein solches.«[7]

Nur durch eine solche [Ursprünglichkeit] des [Nichts] kann der [da – seiende] [Mensch] auf [Seiendes] zugehen und auf das [Seiende] [ein – gehen]. So [er – öffnet] sich eine [scheinbar paradoxale Bewegung] zwischen [Da – sein] – [Seiendem] und [Nichts].
»Da-sein heißt: Hineingehaltenheit in das Nichts.«[8]
Durch dieses [hinein – gehalten – sein] in das [Nichts] [reicht] das [Da – sein] über das [Seiende] des [Ganzen] hinaus.

7 Ibid. S. 37

8 Ibid. S. 38

Folgesatz:
[Da – sein] [er – öffnet] eine [Öffnung] über das [Seiende des Ganzen] hinaus.

»Dieses Hinaussein über das Seiende nennen wir die Transzendenz. Würde das Dasein im Grunde seines Wesens nicht transzendieren, d.h. jetzt, würde es sich nicht im vorhinein in das Nichts hineinhalten, dann könnte es sich nie zu Seiendem verhalten, also auch nicht zu sich selbst. Ohne ursprüngliche Offenbarkeit des Nichts kein Selbstsein und keine Freiheit.«[9]

Für Heidegger ist das Nichts »die Ermöglichung der Offenbarkeit des Seienden als eines solchen für das menschliche Dasein«.

Folgesatz:
Das [menschliche Da – sein] [er – öffnet] [Ein – Stellungen] um aus [vor – läufigen Bloßlegungen von Form], welches [es] einem [Seiendem] [ent – nimmt], durch [organische Montage] [evolutive Bloßlegungen von Form] [frei – zu – legen].

Folgesatz:
[Menschliches Da – sein] [transzendiert] durch [Freilegung evolutiv organischer Formen].

Analogsatz:
[Menschliches Da – sein] [transzendiert] durch [er – kennen].

In Lost Highway haben wir es mit einer [Vorläufigkeit] von [Angst] zu tun. Diese [Angst] [befindet] sich in einer [Hineingehaltenheit] in das [Nichts] ihrer [Bewegung]. Ihre [Befindlichkeit] hält sich über die [Dauer] der [Ein – Stellungen] in [Schwebe]. Sie [er – öffnet] ein [ver – rückt Werden], [springt], [schneidet], [geht über] – [wird] [Vorläufigkeit und Nachläufigkeit zugleich], [entgleitet] dem [Ganzen] –

9 Ibid. S. 38

[gründet und mündet] in einer [regressiven Bewegung] – [entwirft] [Paarungen] und [löscht] sie wieder aus. Dennoch gibt es [Momente] der [nicht Ängstigung]. In [Momenten] der [Begierde] [scheint] sich [Pete] keiner [Angst] [bewusst].

[Nicht] jede [Ein – Stellung] ist [Angst].

»Haben wir aber nicht selbst zugestanden, diese ursprüngliche Angst sei selten? Vor allem aber, wir existieren doch alle und verhalten uns zu Seiendem, das wir nicht selbst und das wir selbst sind – ohne diese Angst. Ist sie nicht eine willkürliche Erfindung und das ihr zugesprochene Nichts eine Übertreibung?«[10]

Das [Nichts] ist uns zumeist in seiner [Ursprünglichkeit] [ver – stellt]. Und dieses [ver – stellt – sein] [gründet] für Heidegger im völligen [verlieren] dem [Seienden] [gegenüber]. Je mehr sich der [da – seiende Mensch] an das [Seiende] verliert, umso weniger lässt er [es] sich [entgleiten] und umso mehr [kehrt] er sich ab vom [Nichts]. [Er] [drängt] sich selbst in die »öffentliche Oberfläche des Daseins«.

»Und doch ist diese ständige, wenngleich zweideutige Abkehr vom Nichts in gewissen Grenzen nach dessen eigenstem Sinn. Es – das Nichts in seinem Nichten – verweist uns gerade an das Seiende. Das Nichts nichtet unausgesetzt, ohne daß wir mit dem Wissen, darin wir uns alltäglich bewegen, um dieses Geschehen eigentlich wissen.«[11]

Die [Verneinung] ist für Heidegger eine solche [ver – stellte] [Offenbarkeit] des [Nichts]. [Verneinung] bringt jedoch das »Nicht« keineswegs als »Mittel der Unterscheidung und Entgegensetzung zum Gegebenen«, als ein [da – zwischen] hinzu. Die [Verneinung] [verneint]. Sie kann für Heidegger aus sich kein [Nein] hervorbringen – da sie ja nichts anderes ist, als [Verneinung]. Der [Verneinung] ist ein

10 Ibid. S. 38 f.

11 Ibid. S. 39

[Verneinbares] [vor – läufig]. Das [Nichts] kann für Heidegger nur einer [Verborgenheit] [entnommen] sein.

»Das Nicht entsteht nicht durch die Verneinung, sondern durch die Verneinung gründet sich das Nicht, das dem Nichten des Nichts entspringt. Die Verneinung ist aber auch nur eine Weise des nichtenden, d.h. auf das Nichten des Nichts vorgängig gegründeten Verhaltens.«[12]

Für Heidegger ist somit das [Nichts] der [Ursprung] der [Verneinung]. In Lost Highway findet in der [Gefängniszelle] eine [Verneinung] der [Bewegung Fred – werden] statt. Durch eine solche [Verneinung] [kehrt] sich diese [Fred – werden Bewegung] in eine [gebannte Ruhe] und wird zu einem starren [Fred – Sein]. In einer solchen [gebannten Ruhe] des [Fred – Seins] [kehrt] sich diese [Bewegung] in eine [radikale Innerlichkeit]. Die [Ängste] und [Schmerzen] die eine solche [gebannte Ruhe] [auslösen], [gründen] in einer [Nichtung] des eigenen [Da – seins] – einer radikalen [Verneinung] des [Fred – Seins].

Folgesatz:
[Fred – Sein] ist ein [er – starren].

»Alles hält einen Augenblick inne, erstarrt (dann beginnt alles von neuem). In gewisser Weise wäre es besser, nichts liefe, nichts funktionierte. Nicht geboren sein, aus dem Geburtskreislauf ausscheren, ohne Mund zum Saugen, ohne Hintern zum Scheißen. Werden die Maschinen kaputt genug, ihre Teile unabhängig genug sein, um sich und uns dem Nichts zu überantworten? Man könnte meinen, die Energieströme wären noch zu sehr miteinander verbunden, die Partialobjekte noch zu organisch. Vielmehr reines Fließen in freiem, stetigem Zustand, ohne Einschnitt, gerade dabei, auf einen vollen Körper zu gleiten. Die Wunschmaschinen erschaffen uns einen Organismus, doch innerhalb dieser seiner Produktion leidet der Körper darunter, auf solche Weise organisiert zu werden, keine andere oder überhaupt eine Organisation zu besitzen.

12 Ibid. S. 39 f.

[...]
Die Automaten stehen still und lassen die unorganisierte Masse, die sie gegliedert haben, aufsteigen. Der organlose volle Körper ist das Unproduktive, das Sterile, das Ungezeugte, ist das Unverzehrbare.«[13]

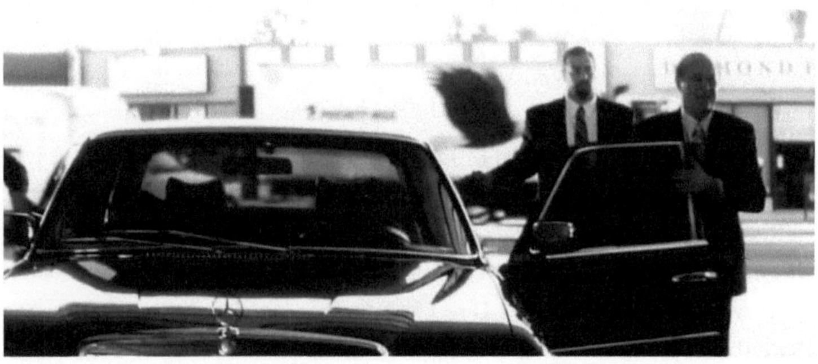

Zufolge eines solchen [radikalen– und sterilen Stillstands], wie in Deleuze und Guattari beschreiben, tritt ein [glattes in sich er – starren] auf. Alle [Oberflächen] sind diese [Glätte], sind diese [Ängste], sind diese [Sterilität], sind diese [Anonymität], ... In ihnen [schlummert] das [Potential organloser Ein – Stellungen].
[Fred – Sein][][Pete – werden]

Folgesatz:
[organlose Ein – Stellungen] eines [Übergangs] [koppeln] [und] [entkoppeln] [zugleich] – [zerschneiden] [und] [reorganisieren] [zugleich] – [organisieren] [und] [reorganisieren] [evolutiv organlose Körper]

Folgesatz:
[evolutiv organlosen Körpern] sind [organlose Ein – Stellungen] [vor – läufig]

13 [Anti-Ödipus], Gilles Deleuze, Felix Guattari, suhrkamp tb wissenschaft 224, erste Auflage 1977, Frankfurt am Main 1974, S. 14

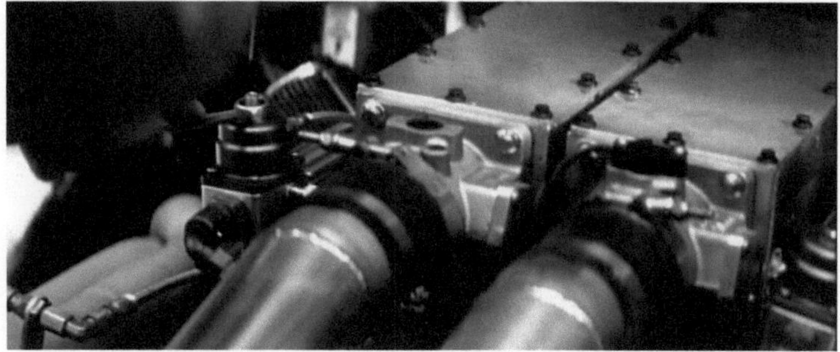

Folgesatz:
[[Fred Sein]|[Pete – werden]] [er – öffnet] [Ein – Stellungen] hin zu einer [Wunschmaschine], [gekoppelt] an die [organlose Bewegung] eines [organlosen Körpers].

Es ist nicht verwunderlich, dass der [schwarze Mercedes] Mr. Eddys von [Pete] [neu ein – gestellt] [werden] [muss]. Denn [Pete], wie auch der [schwarze Mercedes], sind [Teile] ein und derselben [Wunschmaschine]. Nur das [Pete] [direkt] an den [organlosen Körper] [Freds] [gekoppelt] ist. So ist die [Probefahrt] eine [Er – Öffnung], ein [Probelauf], der [neu eingerichteten Wunschmaschine] – und genau durch diese [Wunschmaschine] [er – öffnet] sich auch [eine neue Bewegung], eine [Wunsch – Bewegung].
[Es] [fährt]. [Es] [koppelt]. [Es] [entkoppelt]. [Es] [verletzt]. [Es] [fickt]. [Es] [schneidet]. [Es] [betrügt]. [Es] [tötet]. Nach Deleuze und Guattari [besteht] die erste [Funktion] des [organlosen Körpers] in der [Produktion von Aufzeichnungen]. Erinnern wir uns an [Freds Videobänder].

»Die erste Bedeutung des Prozesses besteht also darin: Aufzeichnungen und Konsumtion in die Produktion selbst hineinzutragen, sie derart zu Produktionen eines gemeinsamen Prozesses zu machen.«[14]

14 Ibid. S. 10

Die [Videobandaufzeichnungen] [werden] also [Bestandteil] der [Produktion] [Freds]. In seiner [Behausungszelle] werden sie [sichtbar]. Und nur sie [zeigen] immer wieder die [sterile Äußerlichkeit] seiner [Behausung].

»Zum zweiten besteht keine Unterscheidung mehr zwischen Mensch und Natur: das menschliche Wesen der Natur und das natürliche Wesen des Menschen werden in der Natur als Produktion oder Industrie, das heißt gleichermaßen im Gattungsleben der Menschen, identisch.«[15]

Sie [bilden] im Wesentlichen [eine gemeinsame Realität] von [Produzent] und [Produkt]. Es bildet sich ein [Es] heraus. Und dieses [Es] [bildet] die [Paarung] [Produzent|Produkt]. Die [organlose Bewegung] [richtet] sich in [beide Richtungen]. Ist [Vorläufigkeit und Nachläufigkeit zugleich]. [Ist] [Produzent und Produkt] – [ist] [Produkt und Produzent].
So gelangen wir zum dritten Merkmal der [linear – organlosen Bewegung]. Der [Bildung] eines [nicht – differenzierten übergroßen Objekts].

»Alles hält einen Augenblick inne, erstarrt (dann beginnt alles von neuem). In gewisser Weise wäre es besser, nichts liefe, nichts funktionierte. Nicht geboren sein, aus dem Geburtskreislauf ausscheren, ohne Mund zum Saugen, ohne Hintern zum Scheißen. Werden die Maschinen kaputt genug, ihre Teile unabhängig genug sein, um sich und uns dem Nichts zu überantworten? Man könnte meinen, die Energieströme wären noch zu sehr miteinander verbunden, die Partialobjekte noch zu organisch. Vielmehr reines Fließen in freiem, stetigem Zustand, ohne Einschnitt, gerade dabei, auf einen vollen Körper zu gleiten. Die Wunschmaschinen erschaffen uns einen Organismus, doch innerhalb dieser seiner Produktion leidet der Körper darunter, auf solche Weise organisiert zu werden, keine andere oder überhaupt eine Organisation zu besitzen. ...«[16]

15 Ibid. S. 10

16 Ibid. S. 10

Ein solches [übergroßes Objekt] [er – öffnet] sich in Lost Highway als [schwarzer Mercedes]. Der [schwarze Mercedes] Mr. Eddys gleicht einer [fahrbaren Festung]. Fungiert als [unzerstörbare Zelle]. Und wieder findet auch hier eine [Koppelung] zwischen den einzelnen [Organen] statt. [Pete], der [Mechaniker], wird vom [übermächtigen] [Mr. Eddy] [gefahren]. [Er] fungiert als [Beifahrer] und [er – fährt] so den [wilden Energie – Strom] aus [nächster Nähe]. Der [Motor] des [schwarzen Mercedes] [scheint] [unermessliche Kräfte] zu [besitzen]. Er [schwebt] scheinbar [mühelos] die Bergstraße [hinauf]. Bereits in dieser [nicht – differenzierten Bewegung] des [schwarzen Mercedes], [zeichnet] sich ein [erkennbarer] [Konflikt] ab. Aus einem [vor – läufigen] [Es] wird ein [Er] und [umgekehrt] aus einem [vor – läufigen] [Er] ein [Es].
Eine [nicht – differenzierbare Bewegung] eines [Er] und [Es] [zugleich].

»Zwischen den Wunschmaschinen und dem organlosen Körper zeichnet sich ein erkennbarer Konflikt ab. Dem organlosen Körper ist jede Maschinenverbindung, jede Maschinenproduktion, jeglicher Maschinenlärm unerträglich geworden. Unter den Organen spürt er die schludrige Tätigkeit eines Gottes, der ihn, im Akt des Organisierens, erdrosselt. »Der Körper ist der Körper / er ist allein / und braucht keine Organe / der Körper ist niemals ein Organismus / die Organismen sind die Feinde des Körpers.«[17]

»Jeder Furunkel im Fleisch ist Schmerz. Den Organmaschinen setzt der organlose Körper seine glatte, straffe und opake Oberfläche entgegen, den verbundenen, vereinigten und wieder abgeschnittenen Strömen sein undifferenziertes, amorphes Fließen.«[18]

17 [Denkwürdigkeiten eines Nervenkranken], Daniel Paul Schreber, Frankfurt/Berlin/Wien 1973, S. 379, aus [Anti Ödipus], S. 15

18 [Anti-Ödipus], Gilles Deleuze, Felix Guattari, suhrkamp taschenbuch wissenschaft 224, erste Auflage 1977, Frankfurt am Main 1974, S. 15

Der zu nahe auffahrende Autofahrer fungiert als noch [empfindsame Organmaschine]. Zu nahes [auf – fahren], kann von [Mr. Eddy] nicht geduldet werden.

Der Wagen der scheinbar [empfindsamen Organmaschine] wird von [Mr. Eddy] abgedrängt und zum [Stillstand] [gezwungen]. Die mitfahrenden Bodyguards [Mr. Eddys] [brechen] das [Fahrzeug] der [empfindsamen Organmaschine] auf. [Mr. Eddy] [zerrt] den verängstigten [Fahrer] aus dem [Fahrzeug] und [reagiert] mit [roher Gewalt]. Er schlägt, mit seiner [überdimensionierten Waffe], [wild] auf den [Kopf] der [empfindsamen Organmaschine] ein, welche sich wie ein [kleines Kind] in [Tränen] ergießt. Zu nahes [auf – fahren] kann von [Mr. Eddy] einfach nicht geduldet werden.

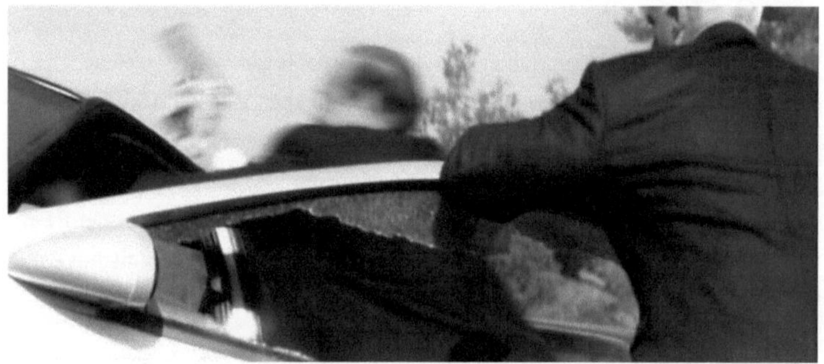

Folgesatz:
Der [organlose Körper] [penetriert].
[Er – innern] wir uns an die [Zelle des Übergangs]. Ihr [Ort] ist die [Gefängniszelle].

»Die Maschine entsteht an Ort und Stelle in der Konfrontation des Produktionsprozesses der Wunschmaschinen mit dem unproduktiven Stillstand des organlosen Körpers. Davon zeugen der anonyme Charakter der Maschine und die Undifferenziertheit ihrer Oberflächen gleichermaßen.«[19]

Der [organlose Körper] [besetz] ein [Gegen – Innen] oder [Gegen – Außen]. Die [Nähe] einer [empfindsamen Organmaschine] wird unweigerlich als [Störung] [aufgefasst], schon gar nicht wenn sie gewisse Regeln nicht befolgt. Darum [bildet] der [organlose Körper] ein [Verfolgungsorgan] oder einen [äußeren Verfolgungsagenten], welcher sich gegen die [empfindsamen Organmaschinen] [richtet].

[[Er] – [Es]] [richtet]. [[Er] – [Es]] [verletzt].
[[Er] – [Es]] [penetriert]. ...

Eine solche [paranoische Maschine] ist zugleich eine [Umwandlung] der [Wunschmaschine]. Sie [resultiert] für Deleuze und Guattari »aus dem für den organlosen Körper unerträglich gewordenen Verhältnis zu den Wunschmaschinen«. Der [schwarze Mercedes] [bildet] eine solche [paranoische Maschine]. Sie [wendet] sich gegen die [Wunschmaschine] selbst, doch die [Kräfte], die aus ihr [resultieren], [bilden] ihrerseits [gesellschaftliche Produktion] und [Wunschproduktion] [zugleich]. »Die gesellschaftlichen Produktionsformen implizieren nun auch ein ungezeugtes, unproduktives Stadium, ein mit dem Prozeß vereinigtes Anti-Produktionselement, einen als Sozius bestimmten vollen Körper.«[20] Eines solchen Körpers [bedient] sich [Pete]. [Er] [fungiert] als [Sozius]. Ein [Es] [bildet] für Deleuze und Guattari eine [Oberfläche] auf welcher sich [Produktivkräfte] und deren [Produktionsagenten] [ver – teilen]. Die [Kräfte] und ihre [Agenten] werden [Ausdruck] von [Macht]. »Kurz, der Sozius als voller Körper stellt eine Oberfläche dar, auf der die gesamte Produktion sich aufzeichnet, der sie nun zu entspringen scheint.«[21]

19 Ibid. S. 16

20 Ibid. S. 16

21 Ibid. S. 17

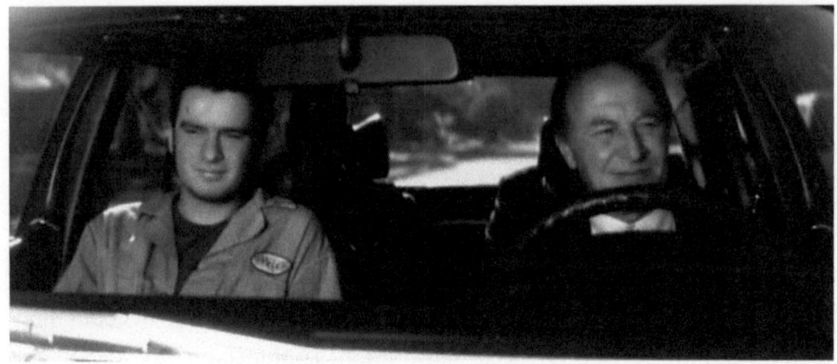

[Pete] wird zu einem [ständigen Aufzeichnungsagenten]. [Er] ist nicht nur [Beifahrer] und [Beobachter] einer [wilden Wucherung], sondern ist zugleich [Einschreibeapparatur] – [Aufzeichnungsmaschine] eines [gewalttätigen, wild wuchernden Produktionsprozesses].

»Der organlose Körper, unproduktiv, unverzehrbar, dient dem gesamten Produktionsprozeß des Wunsches als Aufzeichnungsfläche, so daß die Wunschmaschinen ihm in der objektivscheinhaften Bewegung, die diese zu ihm in Beziehung setzt, zu entspringen scheinen.«[22]

Jedoch folgt die [Produktion von Produktion] nicht denselben [Gesetzen], wie die [Produktion von Aufzeichnungen]. Bei der [Produktion von Produktion] findet ein [Kopplungsmechanismus] statt. [Koppelt] sich die [Produktion von Produktion] mit dem [organlosen Körper] [zurück], wird die [Produktion von Produktion] für den [organlosen Körper] [unerträglich]. [Produktion von Produktion] [koppelt] sich mit einem [nicht produktiven Element].

»Gehen jedoch die produktiven Konnexionen von Maschine auf den organlosen Körper über (wie von der Arbeit zum Kapital), so treten sie unter ein anderes Gesetz, das im Verhältnis zum nicht produktiven Element, also den ›natürlichen oder göttlichen Voraussetzungen‹, eine Distribution zum Ausdruck

22 Ibid. S. 18

bringt (die Disjunktionen des Kapitals). Disjunktionspunkten gleich, zwischen denen ein Netz neuer Synthesen gewoben ist – derart der Oberfläche ein quadratisches Muster verleihen -, klammern sich die Maschinen an den organlosen Körper fest. An die Stelle des ›und dann‹ tritt das schizophrene ›sei es … sei es‹ …«[23]

Ein jedes sich [bildendes Organ] [bezieht] sich auf den [organlosen Körper] und [gleitet] auf dessen [glatter Einschreibeoberfläche]. Für Deleuze und Guattarie [stellen] sich [disjunktive Synthesen] ein, welche auf der [Einschreibeoberfläche] auf dasselbe hinauslaufen.

»Während das ›… oder aber‹ Entscheidungsmöglichkeiten zwischen unvertauschbaren Begriffen kennzeichnen will, bezeichnet das ›sei es‹ das System möglicher Permutation, zwischen Differenzen, die im Akt des Gleitens und sich Veränderns stets auf dasselbe hinauslaufen. Etwa der sprechende Mund und die laufenden Beine.«[24]

Der Prozess der [Produktion von Produktion] setzt sich nun als [Verfahren im Verfahren der Einschreibung] fort. Die [glatte Oberfläche] des [schwarzen Mercedes] [drängt] die [fahl silbrige Oberfläche] des anderen [Fahrzeuges] von der [Fahrbahn]. [Es] [entkoppelt] und [gleitet] auf die [Einschreibeoberfläche]. Die [Produktion von Produktion der Wunschmaschine] ist dem [organlosen Körper] [unerträglich] geworden, und ein [sei es] setzt sich als [Verfahren im Verfahren der Einschreibung] fort. Dabei findet eine [energetische Umwandlung] statt.

»Der organlose Körper ist nicht Gott, im Gegenteil. Göttlich aber ist die Energie, die ihn durchfährt, wenn er die gesamte Produktion auf sich zieht und, ihr als verzauberte Wunderfläche dienend, sie in alle seine Disjunktionen einschreibt. … Demjenigen, der uns fragen sollte, ob wir an Gott glauben, werden wir in echt Kantischer oder Schreberscher Manier zu antworten haben: natür-

23 Ibid. S. 19

24 Ibid. S. 19

lich, aber nur an ihn als Meister des disjunktiven Syllogismus, als Prinzip a priori dieses Syllogismus (Gott bestimmt als Omnitudo realitatis, der alle abgeleiteten Realitäten durch Teilung entspringen).«[25]

Der [organlose Körper] lässt [entspringen], [verteilen], [richten], [koppeln] und [entkoppeln], [erhöhen] und [erniedrigen], [spotten], [vernichten], [schneiden], [entscheiden], [penetrieren],...– [Er] lässt [einschreiben]. Seine [Energie] ist [a priori], [in sich selbst ruhend]. Sie [ist] der [schwarze Mercedes].

Auf einer [wundersamen Oberfläche] [gleitet] [Mr. Eddy] mit seinem [schwarzen Mercedes]. Er [ist] [übermächtig] – steckt [Pete] [Geld] zu und möchte auch ein Pornovideo an [Pete] weiter [distributieren]. Doch [Pete] braucht kein Pornovideo. [Er] [selbst] [schreibt] [evolutiv organische Formen] ein. Doch diese [evolutiv organischen Formen] [werden] dem [organlosen Körper] immer [unerträglicher]. [Bild] für [Bild] [wird] von [Pete] [zurück geschrieben], und [Bild] für [Bild] [steigert] sich der [Ekel] des [organlosen Körpers]. Der [schwarze Mercedes] stellt eine solche [Bloßlegung evolutiv organischer Form] dar. Er [funktioniert] wie eine [Einschreibevorrichtung] mit [Pete] als [Sozius].

Erinnern wir uns an die [Turing Maschine] des Dr. Alan Turing als [Modell] einer [möglichen Wunschmaschine].

Der [Highway] sei das [Band] der [Maschine] – der [schwarze Mercedes] [Mr. Eddys] sei der [Stoß], welcher die [Maschine] in [Zustände] versetzt und [Pete] fungiere als [Schreib – Leseautomat].

Je nach [Anstoß] [wechselt] die [Maschine] in einen [Zustand] – [liest ein] oder [schreibt auf das Band zurück].

In einem streng kantischen [a priori] sind es die [Bedingungen der Möglichkeit] welche dem [Pete – Bewusstsein] [zu – Grunde] liegen. Die [Bewegung der Bilder] [appelliert] an sein [Bewusstsein]. Es sind aber auch die [Bedingungen der Möglichkeit], welche sich durch die [Bewegung der Bilder] an [Fred] richten. Das [Pete|Fred Bewusstsein]

25 Ibid. S. 20

gehorcht eben genau diesen [Bedingungen der Möglichkeit] in ein und derselben [Bewegung] – je nach [Stoßrichtung].
[Einstellungen] [einlesen] und in [Leerstellen] an ein [mögliches] [Fred – Bewusstsein] [zurück – schreiben]. Und so [bewegt] sich der [schwarze Mercedes] entlang eines [Highways], [gleitet] auf einer [glatten Oberfläche], [stößt an] und lässt ein [mögliches] [Pete – Bewusstsein] [einlesen und einschreiben].

Für Deleuze und Guattarie stellt sich eine [augenblickliche Konsumation] ein, denn sie wird zu einem [augenblicklichen Begehren]. Ein solches [Maschinenbegehren] verhält sich [autoerotisch] – [automatisch]. Es kündigen sich die Freuden einer neuen [Geburt] an. Ein solches [Maschinenbegehren], welches sich nicht zuletzt durch den [Vollzug der Einschreibungsmaschine], [ein – stellt], [glättet] den Weg in eine [automatische – verführerische Ekstase]. Ist doch ihre [Energie] eine [göttliche] – eine [in sich ruhende], eine [absolute]. Aus ihrem [grenzenlosen – maschinellen Erotismus] bringt sie [schrankenlose Kräfte] hervor. Eine solche [Maschine] wird auch [zölibatere Maschine] genannt. Ein [vor – läufiges] [Modell] einer solchen [zölibateren Maschine] finden wir in der [Maschine] der »Strafkolonie«, von Franz Kafka. Es handelt sich dabei aber nicht um eine [paranoische Maschine].

»Alles: ihr Räderwerk, ihr Fahrgestell, ihre Scheren, Nadeln, Geliebten und Strahlen unterscheiden sich von einer paranoischen Maschine. Noch in den Qualen, die sie zufügt, dem Tod, den sie bringt, offenbart sie etwas Neues, eine Kraft gleich der der Sonne.«[26]

Mit der [ersten Bewegung] einer [zölibateren Maschine] [beginnt] auch schon die [Konsumption] ihrer [Lust], ihrer [automatischen Erotik]. Eine solche [Maschine] [produziert] [intensive Quantitäten] – [Überreize] – ein Gefühl [heftigster Übergänge].

26 Ibid. S. 26

Deleuze und Guattarie sprechen von Zuständen reiner und von jeglicher Formbestimmung entblößter Intensitäten. Ein im [Wahn] gegebenes [ich sehe], [ich höre], [ich denke], [ich ficke], [ich penetriere], ...ist ein sehr [intensives [ich fühle]] [vor – läufig]. Dieses [intensive [ich fühle]], welches einem Schrei zwischen [Leben und Tod] gleichkommt, lässt [Halluzinationen] [projizieren] und lässt den [Wahn] erneut [verinnerlichen]. Für Deleuze und Guattarie [entspringen] diese [reinen Intensitäten], den beiden [vorläufigen Kräften], nämlich [Abstoßung und Anziehung] und deren [Gegensatz]. Solche [Gegensätze] [stellen] sich als [Abfälle] und [Aufstiege] [ein]. Es bilden sich [heftige Nervenzustände] heraus, welche wiederum den [organlosen Körper] in [unterschiedlichen Graden] [ausfüllen] – [affizieren]. Und da seine [Energie], eine [in sich ruhende Energie], eine [Energie a priori], eine [Energie voller [möglicher Bedingungen]] ist, [zuckt] und [fluktuiert] [Es] und hinterlässt eine [Materie ohne Rest]. Sie [verzehrt] die [Seele] in einem [glühenden Feuer]. Der [organlose Körper] [nistet] sich in jedem [Punkt] ein, durch welchen der [Geist] die [Materie] [berührt]. Der [organlose Körper] [konsumiert] sein [eigenstes – innerstes – auf sich selbst bezogenes Vermögen]. Er [füllt] seine [eigenen Leerstellen], [schreibt zurück] – [stößt an] – [wechselt in einen [anderen Zustand]] – [liest ein] – [stößt an] – [...]
Alles aus der [Bewegung seines innersten [ich fühle]], und dabei wird dem [organlosen Körper] alles [Organische] [unerträglich].
[Zustand] für [Zustand] – [Punkt] für [Punkt] – [Aufstieg] für [Aufstieg] – [Niedergang] für [Niedergang] – [Gegensatz] für [Gegensatz] – [Zuckung] für [Zuckung] – [Fluktuation] für [Fluktuation] – [Stoß] für [Stoß] – ... alles [aus sich heraus] und [in sich gedrungen] – ein [an sich], welches [alles] [er – möglicht], eine [in sich ruhende Göttlichkeit].
[Ich bin ein anderer], [ich bin anders als mein [Vater]], [ich bin anders als meine [Mutter]], [ich bin ich, ein [anderer]] – [ich liebe mich über alle Maßen hinaus], [endlich [erkenne] ich mich], [ich bin der [Übergang] [selbst], [endlich organlos]. Ich bin ein [passives [Ich]] und [zugleich] bin [Ich] ein [reines passives [Ego]], ein einziges [Gleiten].

Zum [Glück] bin ich [alles in mir]. Eine [Materie] außerhalb meines [eigenen Vermögens] [anzuerkennen] ist mir [unerträglich] geworden. Ein [passives Ego] in einem [passiven Ich]. Erinnern wir uns, [Fred] wird in der [Zelle] zum [Übergang] selbst. [Fred] wird zu [seiner eigenen Wunschmaschine] und [hält] sich [selbst] über sein [Sein] hinaus und taucht so in [sein eigenes] [Nichts] ein. Seine [Angst] [er – öffnet] ihm [unendliche Angst] und [reicht] bis hinter den [dunkelsten Horizont]. Daraus [lässt] er mit seiner göttlichen Energie immer weiter [Formen] [entstehen]. Und in einem sonderbaren [zugleich] beginnt auch sogleich die [Konsumption] der »neuen« [evolutiv organischen Formen], welche sich [wieder zurückschreiben] – [unerträglich werden] – [Formen] [aufsteigen] lassen – und immer weiter. ...

[Vorläufigkeit], [Verschränkung] [Bewegung], [Schema], [Bild], [Modell]

Folgen wir Friedrich Kaulbachs [Kant–Freilegung], findet sich die [Bewegung] der Begriffe [Schema], [Bild] an entscheidender Stelle in der Theorie vom Schematismus der reinen Verstandesbegriffe ein. Kant hat ihnen also in der »Kritik der reinen Vernunft« eine terminologische Bedeutung verliehen.

»Indessen ist das Wort Modell bei ihm nicht zum Rang eines Terminus gelangt. Eine Wissenschaftstheorie ist nicht mehr denkbar, die nicht dasjenige Verfahren zum Begriff bringen würde, was sich in der Praxis des wissenschaftlichen Denkens unter dem Namen ›Modell‹ ausgebildet hat.«[1]

Kaulbach bemerkt, dass die in eine solche Richtung weisenden Fragen nicht ohne notwendige ontologische und transzendentalphilosophische Grundlegungen bewerkstelligt werden können. So finden wir im Kantischen Denken einen prinzipiellen Zusammenhang zwischen der [Beziehung] vom [Schema] und seinem [Bild].

1 [Schema, Bild und Modell nach den Voraussetzungen des Kantischen Denkens], Friedrich Kaulbach, in [KANT Zur Deutung seiner Theorie von Erkennen und Handeln], Neue Wissenschaftliche Bibliothek Philosophie, herausgegeben von Gerold Prauss, Kiepenhauer & Witsch Köln, 1973, S. 105

»Zunächst ist es der Gesichtspunkt der spezifisch menschlichen Situation, im Hinblick auf welche das Verhältnis von Vernunft und Erscheinung, von Begriff und Bild zu behandeln ist.«[2]

Es ergibt sich für Kaulbach aus der Kantischen Position, welche sich an der menschlichen Vernunft orientiert, eine [Beziehung] zwischen dem Feld menschlich–endlicher Erkenntnis und dem Bereich räumlich–zeitlicher Dinge. Darum stellt die [Vernunft] in ihrer [Verstandes – Bloßlegung] und deren [Einbildungskraft] den [Gegenstand] ihrer [Erkenntnis] dar. Dabei vollzieht sie ein [Konstruktionsprinzip] und verhält sich wie ein Schreibender der Schriftzeichen auf ein Blatt Papier schreibt, [verzeichnet].

»Das schreibende Bewusstsein befindet sich selbst nicht im Raume und in der Zeit, in die hinein es die Schriftzüge pro-duziert, aber im Zuge des Hervorbringens der Schrift dehnt sich dieses Bewusstsein in der Form der Schriftzüge in den Raum und in die Zeit aus.«[3]

Es vollzieht sich eine [Bewegung], in welcher [Raum] und [Zeit] in einer gemeinsamen [Verschränkung] beansprucht werden. Eine solche [Bewegung] und die mit ihr vollzogene [Raum und Zeit Verschränkung] zeigt sich im Akt des [Schreibens] selbst. Unser [Bewusstsein] als ein [vor – läufig] [abgespannt – unausgedehntes] – geht in der [Bewegung] des [Verzeichnens] der Schrift selbst in [Raum] und [Zeit] ein. Die menschliche Vernunft macht ihre [Begriffe] dadurch zu [erkennenden Begriffen], indem sie ihre [Begriffe] zu [beschreibenden Begriffen] [formt].

»So beschreibt der Begriff des Kreises durch die Bewegung des Zeichnens jeweils eine ihm entsprechende Figur: Er ›beschreibt‹ einen Kreis. Die ›beschriebene‹ Figur: ›Kreis‹ wird zum Gegenstand geometrischer Erkenntnis.«[4]

Wieder finden wir eine [Verschränkung] zwischen [gegenständlicher Erkenntnis] und [beschreibenden Begriffen]. Es [formt] sich in der [aktiven Bewegung] einer [angespannt – ausgedehnten Vernunft] und ih-

2 Ibid. S. 105

3 Ibid. S. 105

4 Ibid. S. 106

rem [schöpferischen Werden] der [figürliche Begriff]. Der [figürliche Begriff] stellt in seiner [Bewegung] wiederum eine [Beziehung] zwischen [Raum und Zeit] her.

»Dieses nehmen wir auch jederzeit in uns wahr. Wir können uns keine Linie denken, ohne sie in Gedanken zu ziehen, keinen Zirkel denken, ohne ihn zu beschreiben, die drei Abmessungen des Raumes gar nicht vorstellen, ohne aus demselben Punkte drei Linien senkrecht aufeinander zu setzen ... Bewegung, als Handlung des Subjekts (nicht als Bestimmung eines Objekts), ...«[5]

Es [wirkt] daher in jedem [Begriff] die [Vorläufigkeit] eines [Konstruktionsmodells]. Nach diesem [Konstruktionsmodell] nimmt der [Begriff] in der [Bewegung seiner Bloßlegung] nach und nach seine [Form] an.

»Beschreiben ist eine die Figuren der Natur herstellende Bewegung des Denkens.«[6]

So [formt] sich [nach und nach] in der [Beschreibungs – Bewegung] die [Form] und die damit [verschränkte Beziehung von Raum und Zeit]. Eine solche [Bewegung] leistet eine [Vereinigung] sämtlicher daran beteiligter [Elemente]. In der [Vorläufigkeit] einer solchen [Anfangs – Bewegung] befindet sich die ursprüngliche Einheit des Selbstbewusstseins (transzendentale Apperzeption). Durch die [Verschränkung] der [formenden Bewegung] mit [Raum und Zeit] – [vollzieht] auch das [Selbstbewusstsein] eine [Verschränkung] mit der [formenden Bewegung] und geht in [Raum und Zeit] ein.

»Die Figur wird durch die einigende Bewegung der konstruierenden Vernunft beschrieben und zugleich dadurch erzeugt.«[7]

---

5 [Kritik der reinen Vernunft 1], Immanuel Kant, B 154, herausgegeben von Wilhelm Weischedel, suhrkamp wissenschaft, Erste Auflage 1974, S. 150

6 [Schema,Bild und Modell nach den Voraussetzungen des Kantischen Denkens], Friedrich Kaulbach, in [KANT Zur Deutung seiner Theorie von Erkennen und Handeln], Neue Wissenschaftliche Bibliothek Philosophie, herausgegeben von Gerold Prauss, Kiepenhauer & Witsch Köln, 1973, S. 106

Für Kant und Kaulbach stellt die [vollziehende Bewegung] selbst den [Weg] der [beschreibenden – verzeichnenden Vernunft] dar. Eine solche [beschreibende Vollzugsform] einer [beschreibenden – verzeichnenden Vernunft] nennt Kant – [Schema]. So wird das [Schema] zu einer sich [formenden Vollzugsform] der [Einbildungskraft]. Für Kant ist also das [Schema] das [Verfahren] der [Einbildungskraft].

»Durch das Schema schreibt die beschreibende Vernunft als ›Einbildungskraft‹ ihre Schriftzüge hin: diese sind das Produkt der nach der schematischen Form ver-fahrenden und ver-zeichnenden Handlung der Einbildungskraft.«[8]

Für Kant ist der [verwirklichte Schriftzug] das [Bild]. Das [Schema] dient als [Verwirklichungs – Regel]. Deshalb geht die [beschreibende Vernunft] für Kant und Kaulbach [konstruierend] vor. Ein [Bild] ist für Kant eine [geometrische Figur], welche sich nach dem [Schema] für eben diese [Figur] [konstruierend verwirklicht] hat.

Folgesatz:
Das [Schema] ist die [Vorläufigkeit] des [Bildes].

Der [Begriff] erhält sein [Bild] indem er mittels der [Bewegung der Einbildungskraft] sein [Schema] der [beschreibenden Vernunft] zur [beschreibenden Verzeichnung] [übergibt].

Folgesatz:
Der [Begriff] [wird], indem er in seinem [Vollzug] – [seinem Schema nach] [vollzogen wird].

Analogsatz:
[Erkenntnis] [wird], indem sie in ihrem [Vollzug] – [ihrem Schema nach] [vollzogen wird].

7 Ibid. S. 106

8 Ibid. S. 107

Die [Bewegung] der [beschreibenden Vernunft] ist somit der [Erkenntnis] [vor – läufig]. Für Kant ist die [beschreibende Vernunft] für die [Natur] [verfassungsgebend].

»Die transzendental verfassungsgebend-beschreibende Vernunft schreibt der Natur die ›allgemeinen‹ Gesetze vor, sie schreibt ihren Gegenständen auch den figürlichen Charakter vor. Nur was die Vernunft vorschreibend beschrieben hat, kann sie a priori erkennen: Als Galilei seine Kugeln mit einer von ihm selbst gewählten Schwere die schiefe Ebene herabrollen ließ, da begriff er, daß die ›Vernunft nur das einsieht, was sie selbst nach ihrem eigenen Entwurfe hervorgebracht hat‹, und d.h.: was sie transzendental beschrieben hat.«[9]

Die [Bewegung] der [vorläufig – beschreibenden Vernunft] ist in ihrer [Vorläufigkeit selbst], [Grundlegung] der [Erkenntnis]. Aus ihr [erwachsen] die [Bedingungen der Möglichkeit] [apriorischer Erkenntnis]. Bei Bergson und Deleuze finden wir die [Bewegung] der [Bedingungen wirklicher Erfahrung]. Durch die scheinbare [Umkehrung] der [Bewegung] – [dauert] – [wirkliche Erfahrung]. [Dauer] – [vollzieht] ihre [Übergänge] und befindet sich in der [Bewegung ihres eigenen Werdens]. Somit wird [Dauer] für Bergson und Deleuze zur [grundlegenden Bewegung schöpferischen Werdens].

[Was vermag der Mensch?]: erneut erinnern wir uns an Monsieur Teste

»... Jeder dieser Dämonen beschaute sich recht oft in einem papiernen Spiegel; er erblickte darin das höchste oder das niedrigste aller Wesen ...
Ich suchte von ungefähr nach den Gesetzen dieses Reiches. Die Notwendigkeit des Zeitvertreibs; das Bedürfnis zu leben; der Wunsch fortzuleben; die Lust zu verblüffen, zu verletzen, zu tadeln, zu belehren, zu verachten; der Stachel des Neids – sie beherrschten, reizten, erhitzten und erklärten die Hölle.
Ich habe mich selbst darin gesehen, und zwar in einer mir unbekannten Gestalt, wie sie meine Schriften vielleicht gebildet haben. Sie wissen ja, lieber Träumer,

9 Ibid. S. 108

dass sich in den Träumen zuweilen ein einzigartiger Einklang ergibt zwischen dem, was man sieht, und dem, was man weiß; doch ist es kein Einklang, der sich im Wachzustand erhalten ließe. Ich sehe Pierre und weiß, daß es Jaques ist. Ich habe mich also erschaut, wennschon selten und unter einem anderen Gesicht; ich erkannte mich einzig an einem besonderen Schmerz, der mein Herz durchdrang. Mein Trugbild oder ich, eines von uns, schien mir, müsse dahinschwinden ...«[10]

Oft erscheint wohl eine Bewegung als Trugbild einer anderen Bewegung, und umgekehrt eine andere Bewegung als Trugbild der einen Bewegung. Sich selbst beschreibend und erblickend in einem »papiernen Spiegel«.

Wir finden also im [Schema] die notwendig [organischen Ein – Stellungen] um aus einer [vorläufig organischen Bloßlegung von Form] eine [evolutiv – nachläufige und formbildende Bewegung] [frei – zu – legen]. Es [vollzieht] sich ein notwendiges [evolutiv werden] in der [Vollzugsbewegung] selbst. Für Kant hat das [Schema] [ontologischen Charakter], denn es ist jene [Verfahrensweise], durch welche die [Natur] ihre [Gegenstände] zu ihrem [gegenständlich – sein] [formt].

»Das Schema ist transzendentale Technik des Verstehens für die Beschreibung der Natur: für jene Bewegung, durch welche das Sein der gegenständlichen Gestalten zustandekommt.«[11]

Durch die [vor – läufige Bewegung] des [Schemas] [vollziehen] sich [Übergänge] hin zu einer [nachläufig formbildenden Bewegung].

Durch den [evolutiv – organischen Charakter] des [Schemas] – [verschränkt] sich die [Durchlaufsbewegung] der [formbildend – freien Natur] mit der [Bewegung menschlicher er – Fahrung]. Die [er – Fah-

10 Brief eines Freundes aus [Monsieur Teste], Paul Valery, Suhrkamp Verlag Frankfurt am Main, Erste Auflage 1995, S. 35

11 [Schema, Bild und Modell nach den Voraussetzungen des Kantischen Denkens], Friedrich Kaulbach, in [KANT Zur Deutung seiner Theorie von Erkennen und Handeln], Neue Wissenschaftliche Bibliothek Philosophie, herausgegeben von Gerold Prauss, Kiepenhauer & Witsch Köln, S. 110

rung] der [menschlichen Natur] [wird] von [evolutiv – formbildenden Bewegungen] der [freien Natur] durch [Übergänge] [affiziert].

»Die Fähigkeit (Rezeptivität), Vorstellungen durch die Art, wie wir von Gegenständen affiziert werden, heißt S i n n l i c h k e i t. Vermittelst der Sinnlichkeit also werden uns Gegenstände gegeben, und sie allein liefert uns Anschauungen; durch den Verstand aber werden sie gedacht, und von ihm entspringen Begriffe.«[12]

Folgesatz:
[Übergänge] [vollziehen in ihrer [Hervorbringungsbewegung] [Verschränkungen].

Analogsatz:
Sprung – Schnitt] [evolutiv organischer Formen].

»Daß alle unsere Erkenntnis mit der Erfahrung anfange, daran ist gar kein Zweifel; denn wodurch sollte das Erkenntnisvermögen sonst zur Ausübung erweckt werden, geschähe es nicht durch Gegenstände, die unsere Sinne rühren und teils von selbst Vorstellungen bewirken, teils unsere Verstandestätigkeit in Bewegung bringen, diese zu vergleichen, sie zu verknüpfen oder zu trennen, und so den rohen Stoff sinnlicher Eindrücke zu einer Erkenntnis der Gegenstände zu verarbeiten, die Erfahrung heißt? Der Zeit nach geht also keine Erkenntnis in uns vor der Erfahrung vorher, und mit dieser fängt alle an.«[13]

Für Kant ist es der [Verstand], welcher eine [Kraft] aufzubringen hat, durch welche er seine eigene [Einheit] zu den [evolutiv organischen Formen] [auszudehnen] hat. Durch diese [ausgedehnte Kraft] gibt er den [evolutiv organischen Formen] der [freien Natur] eine [Einheit]. Der [Verstand] [verschränkt], lässt [übergehen] – [schneidet], [be-

12 [Kritik der reinen Vernunft 1], Immanuel Kant, B 33, herausgegeben von Wilhelm Weischedel, suhrkamp tb wissenschaft, Erste Auflage 1974, S. 69

13 Ibid. B 1, S. 45

schreibt], [verzeichnet] und lässt eigene [evolutiv organische Formen] [werden].
Die [Kategorien], als [Grundbegriffe], setzen sich in [Bewegung] um [evolutiv organische Formen] im [Ausdehnungsbereich menschlichen Verstandes] [beschreibend] zu [verzeichnen]. Das [Schema] in seiner [Vorläufigkeit] ist als [Übergang] der [Kategorien] zur [ausgedehnten Bewegung] zu verstehen. Diese [ausgedehnte Bewegung] schlägt sich im [Vollzug] selbst im einzelnen [Bild], welches sich als [Figur der Naturdinge] [ab – zeichnet] nieder.
Der [Begriff] [Gegenstand] ist für Kant nicht etwa gleichbedeutend mit dem [Begriff] [Ding]. Der [Gegenstand] [belichtet] sich zum [Bild eines Dinges]. Das [Ding] selbst ist [Teilhabe] an der [Bewegung freier Natur].

»Der von Logikern alter und neuer Zeit gebrauchte Ausdruck, ein Gegenstand sei ›unter einem Begriffe enthalten‹, ist solange unmöglich, als man sich nicht bewußt macht, daß unter ›Gegenstand‹ kein Ding, sondern immer das ›Bild‹ eines Dinges verstanden werden muß, und daß die Rede vom ›Enthaltensein‹ im Sinne des Überganges vom allgemeinen Begriff zum Bild über das Schema aufgefaßt werden muß.«[14]

So muss der [Begriff] immer dasjenige [enthalten], was in dem darunter zu verstehenden [Gegenstand] [subsumierend] [vorgestellt] wird. Der im [Begriff] selbst [enthaltene] [Gegenstand] [wird] durch die sich [ausdehnende– und belichtende Bewegung] zu seinem [Bild], welches nach Kant, wiederum dem [Schema] dieses [Begriffes] zu entsprechen hat. Als ein solcher [Bewegungsvollzug] ist das [Schema] ein [Ganzes]. Kaulbach vergleicht diese [totalisierende Bewegung] mit dem technischen Hervorbringen einer Melodie auf einem Instrument – ein

14 [Schema, Bild und Modell nach den Voraussetzungen des Kantischen Denkens], Friedrich Kaulbach, in [KANT Zur Deutung seiner Theorie von Erkennen und Handeln] ‚Neue Wissenschaftliche Bibliothek Philosophie, herausgegeben von Gerold Prauss, Kiepenhauer & Witsch Köln, S. 113

solches [Hervorbringen] [bildet] ein [Ganzes] zwischen [Instrument und Melodie] heraus.

»Ein Einheitsbogen spannt die einzelnen technischen Handgriffe zur Flüssigkeit eines einzigen ganzen Verlaufs des Hervorbringens zusammen. Ebenso ist auch die Melodie selbst ein zeitliches Gebilde, dessen Vollzug keine bloße Zusammensetzung (Aggregat) aus einzelnen Tönen oder Takten duldet.«[15]

Das [Schema] [erstreckt] sich in der [Vollzugsbewegung] von [Anfang] bis zum [Ende] des [Vollzugsdurchlaufs]. [Es] [beschreibt] eine [Figur] – und [belichtet] dabei ein [Bild]. Das sich [nach und nach] in der [Vollzugsbewegung] [beschreibend – belichtende Bild] ist selbst ein [Produkt] der [Konstruktion], eine [Zusammensetzung], welche von Kant als [Mannigfaltigkeit] von [Punkten] aufgefasst wird. Daraus ergibt sich auch für Kant der [Unterschied] zwischen dem [geometrisch – physikalischen Körper], der in seiner [Hervorbringung] für den [menschlichen Verstand] eine [Punktmannigfaltigkeit] [darstellt], und dem [Leib], welcher durch die [evolutive Bewegung] des [Hervorbringens] selbst, die [bildenden Kräfte] der [freien Natur] [anwendet]. Der [Begriff] des [Schemas] [unterscheidet] sich also durch den [Gebrauch] der [konstruierenden Vernunft], welche nach Kant der [gefesselten Natur] angehört, von der [Vollzugsbewegung], die von [freier Natur] [selbst vollzogen] wird

»An dieses Schema der freien Natur ist zu denken, wenn z.B. Goethe den Terminus ›Schema‹ in den Mund nimmt. Die philosophische Grundlegung für diesen Gebrauch des Terminus im Denkzusammenhang der freien Natur gibt Kant in der ›Kritik der Urteilskraft‹, wo im Bereich der teleologischen Vernunft von ›bildenden‹ Kräften, von der ›inneren‹ Zweckmäßigkeit und von der ›inneren‹ Form der Naturgebilde die Rede ist.«[16]

15 Ibid. S. 113

16 Ibid. S. 114

Für Kant ist das [Schema] eine [Technik] des [Verfahrens] und immer auf eine [Vollzugsbewegung] hin [orientiert]. Das [Schema] [vollzieht] eine [Zeitbestimmung] und [verhält] sich zum [Bild] wie die [Beschreibungsbewegung] zum [beschriebenen Zeichen]. Die [beschriebene Figur] [bildet] die [zeitliche Gestalt] der [Handlung]. Die [Gestalten], oder die [physikalischen Körper], welche der [freien Natur] angehören, lassen jedoch ihr [transzendentales Konstruktionsprinzip], in der [Hervorbringungsbewegung] der [freien Natur], nicht [durchscheinen]. Sie [sind] ein [Festgestelltsein] und [vollziehen] dadurch ein [Festgelegtsein], zumal sie [Körper], aber nicht [Leib] sind.

»Es ist eine zeitliche Gestalt des Handelns, deren Produkt die Natur ist. Die letztere vertritt die Seite des Festgelegtseins, zumal sie ›Körper‹, aber nicht ›Leib‹ ist: Das heißt, sie läßt als bloß konstruierendes Gebilde die transzendentale Bewegung nicht durchscheinen, die bei ihrem Zustandekommen, am Werke ist: sie ist kein Aus-druck dieser Bewegung.«[17]

Kaulbach weist auf ein weiteres Motiv des [Schemas] hin, nämlich das der [Polarität] von [Einheit] und [Mannigfaltigkeit]. [Einheit] und [Mannigfaltigkeit] [entsprechen] wiederum derjenigen [Polarität] von [Begriff] und [Anschauung]. Ist das [Schema] [Zeitbestimmung], so [verhält] es sich für ihn wie eine [Melodie].

»Es ist die Melodie, nach welcher sich das spontan agierende, punktuelle ›Ich denke‹ selbst zur inneren Erfahrung bringt. Diese Melodie entläßt nun aus sich ein Raumbild, sie entfaltet sich in die Vielheit der Ausdehnung, indem sie diese Vielheit zugleich auch zur Einigung bringt.«[18]

Diese [verschränkende] und [zugleich] [einigende Leistung] des [Schemas] [gründet] für Kaulbach gerade in der [Anteilnahme der Vollzugsbewegung des Verstandes] – in der [Handlung des Verbindens] der [Mannigfaltigkeit] – durch welches wiederum das in der [Anschauung] [Gegebene] [bestimmt] wird. In einer jeden [Durchlauf-

17 Ibid. S. 114

18 Ibid. S. 114

bewegung] [vollziehen] [bildende und konstruierende Kräfte] ihre [Wirkung]. Das [vollzogene] [Schema] [bildet] mit dem [Begriff] auch seine [Kräfte– und Bewegungsresultante]. Im [Vollzug] [bilden] die [vollzogenen Kräfte] ihrer [Komposition] nach [Bewegungen] aus. So [bildet] das [Schema] in seiner [Vollzugsbewegung] den [Begriff].

Die [Organismen] und [Körper] der [freien Natur] müssen für Kant, durch ihren [inneren physischen Zusammenhalt], nicht erst von einer [gefesselten Natur] [a priori] [verbunden] werden: Sie [bilden] ihr [eigenes Ganzes]. Die [Technik] der [freien Natur] [bildet] also ihre eigenen [inneren Zwecke] aus. Sie [bildet] aus sich [selbst] ihre [Kräfte und Bewegungen] heraus und lässt [aus sich selbst über – gehen]. Die [Technik der freien Natur] ist auf keine [fesselnden] und [a priori] [verbindenden Kräfte] angewiesen.

»In der menschlichen Technik ist ein Denken am Werke, welches der Natur ihre Verfassung, ihre ›allgemeinen‹, ontologischen Gesetze vor-schreibt und ihr Fesseln anlegt: Es ist das Denken der exakten Naturwissenschaft, welches nicht erst ›angewandt‹ werden muß, um der Technik gemäß zu sein, sondern das von vornherein technisch geartet ist.«[19]

Ein solches [Denken] trägt an die [Naturdinge] der [freien Natur] [äußere Zwecke] heran. Für Kant sieht man in der [freien Natur] nur soviel [vollständig] ein, was die [menschliche Vernunft] in ihrer [begrifflichen Vorläufigkeit] in sie selbst [hineinlegt]. Die [menschliche Vernunft] [setzt] sich für Kant den [Zweck] sie in den Griff zu bekommen.

»Nach ›Begriffen‹ dieses Denkens ›machen‹ wir Produkte. Aber unser Machen gehört der ›Kunst‹ (Techne), nicht der Natur im freien Sinne (Physis) an, daher ist unser ›Hervorbringen‹ höchstens ähnlich demjenigen, welches die Physis leistet.«[20]

19 Ibid. S. 116

20 Ibid. S. 116

Folgesatz:
[Freie Natur] [produziert] [aus sich selbst] – während die [Hervorbringung durch Technik] eine [vorläufige] [Fesselung der Natur] [voraussetzt].

Das [Schema] ist so für Kaulbach auch die [Technik des Verbildlichens der Grundbegriffe]. Eine solche [Verbildlichung] durch [menschliche Technik], ist [zugleich] eine [Hervorbringung], durch welche der [menschliche Verstand] der [freien Natur] ihre [Verfassungen] [vorschreibt].

Folgesatz:
Den [allgemeinen Naturgesetzen] ist ein [Schema menschlicher Vernunft] [vorläufig].

Analogsatz:
Der [menschliche Verstand] [bestimmt] quasi [a priori gesetzgebend] die [freie Natur].

Der [menschliche Verstand] [verschränkt], [bestimmt], [ver – bindet], [fesselt] und lässt [freie Natur] nach seinen [Grundbegriffen] [über – gehen]. Er [organisiert] [freie Natur] indem er sie [ver – bindend fesselt].
Doch [freie Natur] [überfliegt] und [dehnt] sich in jeder ihrer [Hervorbringungsbewegungen] in ein [unendlich Ganzes] aus. Sie [zeigt] nicht in der [Hervorbringung] eines [strengen Grundbegriffs] ein [Äußerstes] an.

Folgesatz:
[Freie Natur] ist eine [Anschauung a priori].

Ähnlich verhält es sich für Kant mit dem [Raum] und seiner [Vor – Stellung].

»Der Raum wird als eine unendlich gegebene Größe vorgestellt. Nun muß man zwar einen jeden Belgriff als eine Vorstellung denken, die in einer unendlichen Menge von verschiedenen möglichen Vorstellungen (als ihr gemeinschaftliches Merkmal) enthalten ist, mithin diese unter sich enthält; aber kein Begriff, als ein solcher, kann so gedacht werden, als ob er eine unendliche Menge von Vorstellungen in sich enthielte. Gleichwohl wird der Raum so gedacht (denn alle Teile des Raumes ins Unendliche sind zugleich). Also ist die ursprüngliche Vorstellung vom Raume An–schauung a priori, und nicht Begriff.«[21]

[Subsumierend] [ergänzt] Kant:
»Der Raum wird als eine unendliche Größe gegeben vorgestellt. Ein allgemeiner Begriffe vom Raum (der sowohl in dem [Akad. –Ausg.: ›sowohl einem‹] Fuße, als einer Elle gemein ist) kann in Ausdehnung der Größe nichts bestimmen. Wäre es nicht die Grenzenlosigkeit im Fortgange der Anschauung, so würde kein Begriff ein Principium der Unendlichkeit derselben bei sich führen.«[22]

Der [menschliche Verstand] [erzeugt] also die [Gegenständlichkeit der Gegenstände]. Seine [Vorläufigkeit] [organisiert], seiner [Verfassung] nach, [allgemeine Gesetze]. So [erzeugt] der [Verstand], nicht nur für Kant, sondern auch für Kaulbach, das jeweils [allgemeine Gesetz] nach der [Vorläufigkeit des Schemas].
»Er erkennt nur, was er a priori nach dem Schema gemacht hat, und nur aufgrund dieses ›Machens‹ ist auch eine technische Verfertigung empirischer Sachen möglich.«[23]

---

21 [Kritik der reinen Vernunft 1], Immanuel Kant, hg.Wilhelm Weischedel, suhrkamp tb wissenschaft, Erste Auflage 1974, B 40, S. 73

22 Ibid. A 25, S. 73

23 [Schema, Bild und Modell nach den Voraussetzungen des Kantischen Denkens], Friedrich Kaulbach, in [KANT Zur Deutung seiner Theorie von Erkennen und Handeln], Neue Wissenschaftliche Bibliothek Philosophie, herausgegeben von Gerold Prauss, Kiepenhauer & Witsch Köln, S. 117

In der [freien Natur] ist ein [Ge – bilde] selbst schon durch die [Hervorbringung seiner Physis] [an sich] [gegeben]. [Es] wird nicht erst vom [Verstand] [a priori] [konstruiert] und [wieder – erkannt]. Solcherlei [Ge – bilde der freien Natur] [zeigen] eine [Struktur], welche über die [Bewegung der Erfahrung] [gewonnen] [werden muss]. Eine [freie und nicht gefesselte Natur] [vollzieht] ein [ständiges Werden].

»Sie zeigen jeweils ein ›Ganzes‹ insofern, als es bei jeder Handlung sich selbst produziert, indem es anderes hervorbringt. Der Baum bringt die Blätter hervor, die jedoch sogleich zum Baum selbst gehören und wiederum umgekehrt ihn selbst erhalten und ihn wachsen lassen. Hier geschieht ein Prozeß von der Gestalt eines Kreises: der Baum produziert sich selbst, indem er anderes hervorbringt, sein Hervorbringen kehrt zu sich selbst, indem er anderes hervorbringt, sein Hervorbringen kehrt zu sich selbst zurück.«[24]

[Freie Natur] ist für Kant eine [innere und sich frei entfaltende zweckmäßige Hervorbringung]. Eine solche [innere – sich frei entfaltende zweckmäßige Hervorbringung freier Natur], erhält für die [Vollzugsbewegung der menschlichen Vernunft] besondere [Bedeutung]. Die [Erfahrung] einer [Hervorbringung freier Natur] ist für einen [gesetzgebenden Verstand] [nicht einsehbar]. Eine [freie] und [sich selbst nach ihrer inneren Zweckmäßigkeit ausdehnenden Natur] ist keine [Punktmannigfaltigkeit] welche sich nach einem [geometrischen Konstruktionsprinzip] [verzeichnet]. Vielmehr [bildet] die [freie Natur] in ihrer [Hervorbringung] selbst, ihre eigene [Handschrift] heraus, und [verschränkt] [fortlaufend] in der [Bewegung ihrer unendlichen Ausdehnung] [Raum und Zeit]. Dabei [bildet] sie ihrem [Werden] nach ihre [Über – Gänge]. Eine solche [Hervorbringung] ist eine für den [Verstand] nicht einsehbare [Einheit] [beziehungsweise] [Ganzheit]. Der [Verstand] kann für Kaulbach und Kant, nur [nach und nach] – [Teil für Teil] [miteinander verbinden]. Durch sein [Aggregat] wird jedoch

24 Ibid. S. 118

kein [in sich selbst verlaufendes Ganzes] [zustande gebracht]. Eine solche [Vollzugsbewegung freier Natur] kann, so Kaulbach, für den [Verstand], wenn überhaupt nur [zufällig] [eingesehen] werden.

»Das Vorkommen des Ganzen ist für ihn reiner Zufall: So wie es Zufall für ihn und seine Gesetzgebung ist, daß die besonderen Gesetze sich immerhin zur Einheit höherer Ordnung zusammenfügen, wie z.B. daß die Bewegung des fallenden Steines auf der Erde und die der Planeten um die Sonne sich als Sonderfälle eines einzigen Gesetzes erweisen.«[25]

Hier hat, so Kaulbach, der [Verstand] nun [nichts mehr vorzuschreiben]. Er erfährt so eine [Grenze] seines [a priori Konstruierens], denn dabei sieht er sich immer dem [Zu – fall] ausgesetzt – und gerade in der [unendlichen Hervorbringung] des [Ganzen] der [freien Natur]. Der [Verstand] kann nicht die [Gesamtheit der zusammenhängenden Prozesse] [freier Natur] [a priori] an einem [freien Organismus] [erkennen]. Der [Verstand] kann den [Charakter] des [Ganzen] [nicht erkennen]. Die notwendige [Repräsentation] der [Gebilde freier – organischer Natur] [zeigt] sich für den [Menschen] durch [Erfahrung der Hervorbringung freier – organischer Natur] selbst. Aus der [Sicht] der [Vernunft] [erfährt] sie ihre [Erfahrungen] [zu – fällig]. In ihr kommt eine [ungefesselte Natur] zu [Wort]. [Freie Natur] muss der [Vernunft] aus ihrer [innersten Freiheit] [selbst] [entgegenkommen]: Sie muss [sich selbst] per [Zu – fall] durch ihre [eigene Hervorbringung] – der [Vernunft] zur [Er – fahrung] [an – bieten]. Durch diesen [Zu – fall] [freier – organischer Natur] [er – fährt] die [Vernunft] einen [Sprung].

»Nun sieht sich die Vernunft vor die Frage gestellt, ob sie sich mit dem Sprung abzufinden vermag, der durch Zufall und Faktizität der ›besonderen‹ empirischen Gesetze auftritt, oder ob sie über diesen Sprung hinweg eine Einheit fin-

25 Ibid. S. 118

den will und kann, die zwar nicht vom Verstande vorgeschrieben, aber doch ›vernünftig‹ ist.«[26]

So liegt es im [Interesse] der [Vernunft], die [Einheit und Ganzheit freier Natur] [denken] zu können: Sie [bewährt sich], an ihrer [eigenen Er – fahrung]. In ihrer [Er – fahrung] [er – fährt] sie über ihre [Zu – fälle] hinweg [Grenzen] und [Sprünge]: Sie [versucht] [selbst] ein [universelles – Ganzes] [hervorzubringen], um dabei [ähnlich] der [Er – fahrung freier Natur] [vorzugehen].
Erinnern wir uns an den [Baum] und seine [Blätter].
Die [Vernunft] [bildet] [ähnlich] wie der [Baum] ihr eigenes [freies und organisches System]. Sie [denkt] die [Natur] als [frei] und [versucht] ihr [ähnlich] [frei von Sprüngen und Grenzen] zu sein – dabei [bildet] sie ihre eigene [Ganzheit].

»Die Vernunft läßt die Natur frei, die der Verstand gefesselt hat; aber nur deshalb, um selbst frei für die eigene Ganzheit und Einheit, für das ›System‹ zu sein. Indem sie dem ›System‹ der Natur, welches den Charakter der organischen Ganzheit hat, das Wort spricht, stellt sie sich selbst in ihrem eigenen Vernunftsystem, in ihrem Zusammenhang und ihrer Freiheit vom Zufall her.«[27]

Es ergibt sich ein [organisches Vernunft – System], durch welches die nun [freie Vernunft] ihre [Erfahrungs– und Hervorbringungsbewegungen] [frei – legt]. Für Kaulbach ergibt sich so ein [organisches System philosophischer Vernunft]. Nur eine [freie Vernunft] kann [Natur] auch in ihrer [notwendigen Freiheit belassen].

Folgesatz:
Die [freie philosophische Vernunft] [bildet] ihre [eigene ausgedehnte Einheit], ihre [eigene Architektur], ihre [eigene Dauer], ihr [eigenes Werden] – ihre [eigenen Formen].

26 Ibid. S. 118

27 Ibid. S. 119

»Demgegenüber muß die Vernunft, um ihre universale Einheit zu gewinnen, auch noch das Faktische, Empirische einzufangen vermögen.

...

So nimmt sich die Vernunft vor, die empirische Natur in ihrer Freiheit, ihrem Reichtum so zu ›beurteilen‹, als ob diese Natur selbst und jedes ihrer Gebilde ein in sich verlaufendes Ganzes sei: eine Organisation, wie sie an jedem lebendigen Gebilde erfahrbar ist.«[28]

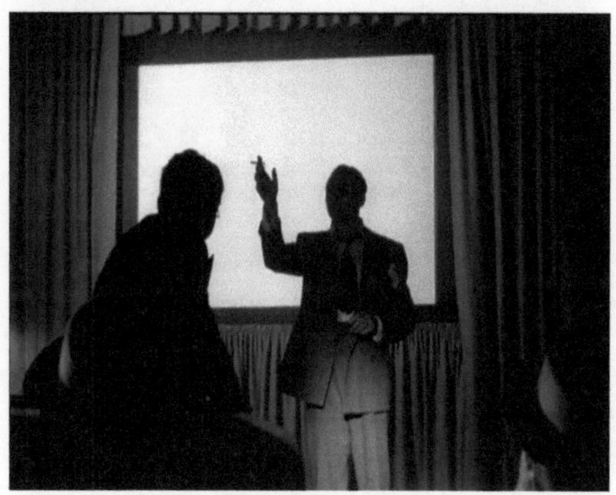

[Zeit] kann nicht von einem [Verstand] per [Gesetzgebung] der [freien Natur] [vor – geschrieben] werden. Vielmehr ist sie [freie Natur], ist [Teilhabe an ihrer unendlichen Ausdehnung] – ist [Teil ihrer Verschränkung] und kann nur durch eine [freie Vernunft] als [Dauer] [er – fahren werden]. [Zeit] ist für Kant kein [Begriff] der von der [Er – fahrung] [isoliert] werden kann. [Zeit] kann für ihn nur [a priori] in der [Er – fahrung] [wahrgenommen] [werden].

»Zeit ist eine notwendige Vorstellung, die allen Anschauungen zum Grunde liegt. Man kann in Ansehung der Erscheinungen überhaupt die Zeit selbst nicht aufheben, ob man zwar ganz wohl die Erscheinungen aus der Zeit wegnehmen kann. Die Zeit ist also a priori gegeben. In ihr allein ist alle Wirklichkeit der Er-

28 Ibid. S. 119

scheinungen möglich. Diese können insgesamt wegfallen, aber sie selbst (als die allgemeine Bedingung ihrer Möglichkeit) kann nicht aufgehoben werden.«[29]

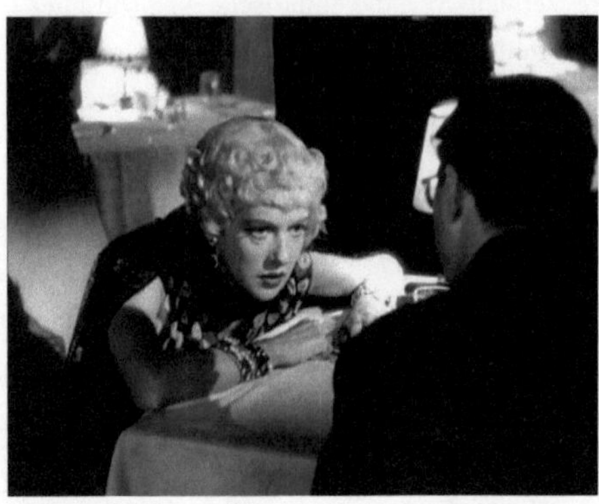

»Als mit Citizen Kane von Welles das erste unmittelbare Zeit-Bild im Film auftrat, erschien es nicht unter dem Aspekt der Gegenwart (nicht einmal einer impliziten Gegenwart), sondern in Form von Vergangenheitsschichten. Die Zeit befreite sich damit aus ihrer Verankerung, beendete ihre Abhängigkeit von der Bewegung, während die Zeitlichkeit sich zum ersten Mal selbst zeigte, und zwar in der Form der Koexistenz großer zu erforschender Regionen. Das Schema von Citizen Kane mag einfach erscheinen: Nach dem Tode von Kane werden die Zeugen befragt, die ihre Erinnerungsbilder in einer Serie von subjektiven Rückblenden wachrufen. Aber die Sache verhält sich komplexer. Die Nachforschungen richten sich auf ›Rosebud‹ (Was ist das? Was bedeutet dieses Wort?«[30]

---

29 [Kritik der reinen Vernunft 1], Immanuel Kant, herausgegeben von Wilhelm Weischedel, suhrkamp tb wissenschaft, Erste Auflage 1974, B 46, 47, S. 78

30 [Das Zeit-Bild [Kino 2]], Gilles Deleuze, suhrkamp tb wissenschaft, Suhrkamp Verlag Frankfurt am Main, Erste Auflage 1997, S. 141

Die [Zeit] wurde in diesem [Film] durch ihre [Zeitlichkeit] [selbst] – von ihrer [virtuellen Bewegung] [befreit] und unter den verschiedenen Gesichtspunkten der [individuellen Erinnerung] nach – [aktualisiert]. Es findet eine [Aktualisierung] von [vergangener Zeit] in einer [gegenwärtigen Nachforschung] statt. In der [Aktualisierung] von [virtuell vergangener Zeit] [erfährt] der [Film] seine [Dauer], sein [Werden].

Somit ist [Zeit] ist in Orson Welles [Film] nicht mehr der [Bewegung] untergeordnet, sondern die [Bewegung] der [Zeit].

Im Sinne von Bergson, handelt es sich um eine [Dauer] als [Übergang], ein [Übergang] in welchem sich ein [Wandel] [vollzieht]. Es [vollzieht] sich also durch die [subjektive Erinnerung] der [Erzähler], und deren [aktualisierten Erinnerungsregionen], welche mit dem [Leben] [Citizen Kanes] [verknüpft] sind, für den nachforschenden Journalisten eine [Ausdehnung] der [Zeit – Bilder] – unseres Weltbürgers [Charles Foster Kane]. [Während] der [Er – fahrung] des [Films] durch einen [aufmerksamen Zuseher] – [er – fährt] dieser eine [psychologische Ausdehnung] des [Lebens] [Charles Foster Kanes], welches sich [selbst] – [nach und nach], durch [Rückblend – Montage] im [dauern] des [Films] [fortlaufend aktualisiert].

CITIZEN KANE, ORSON WELLES, 1941

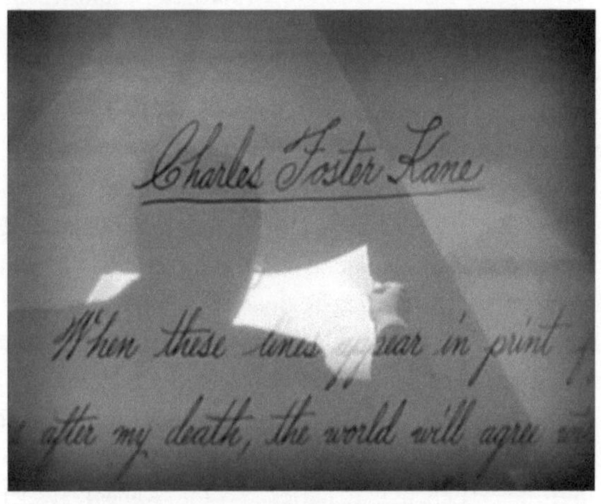

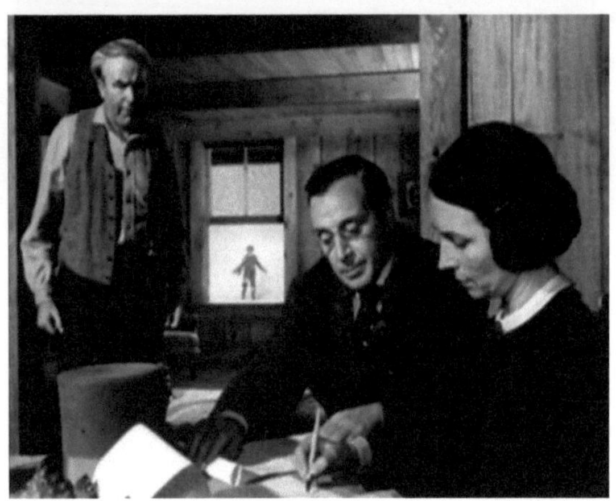

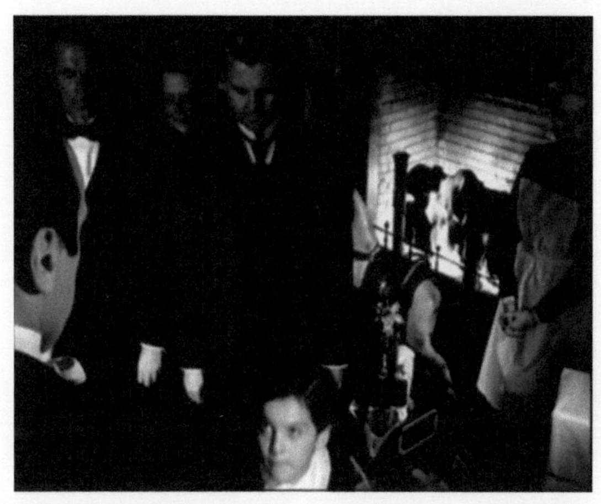

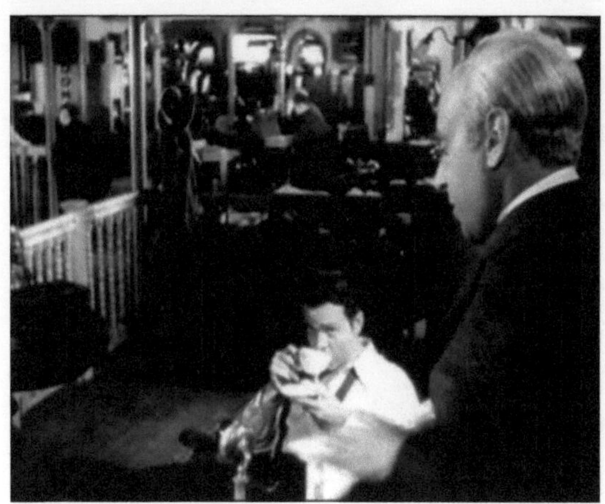

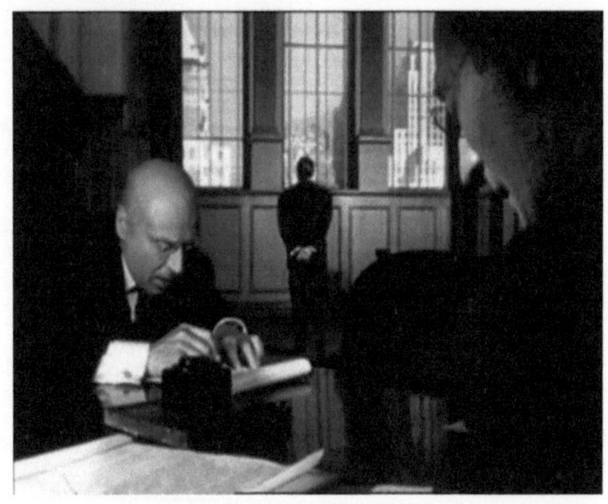

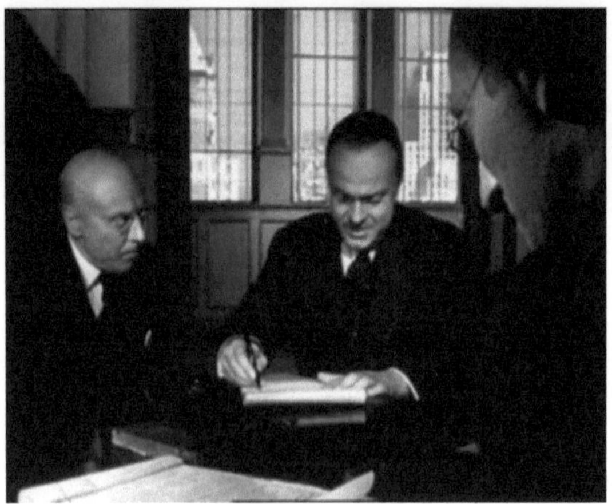

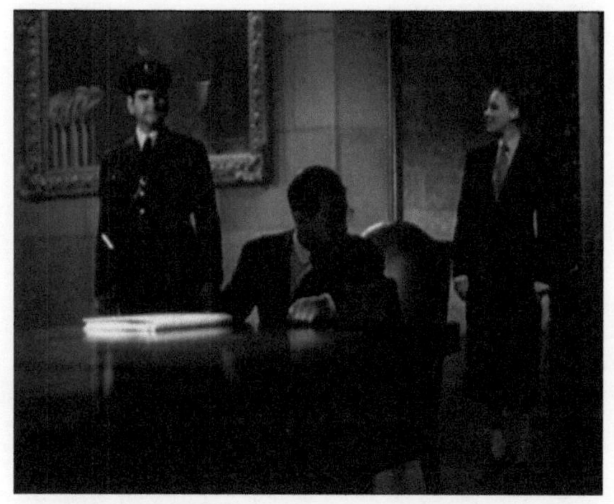

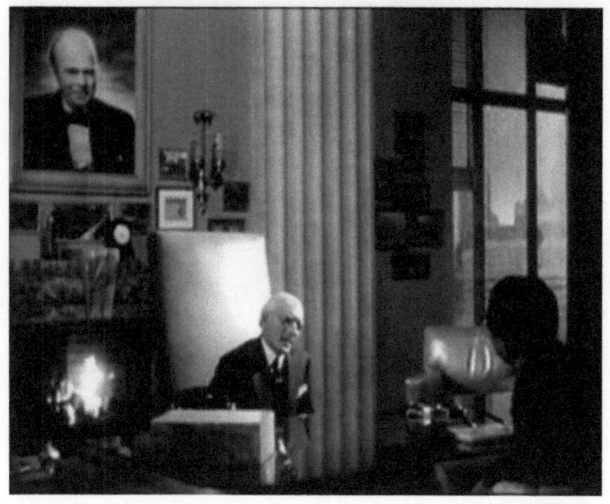

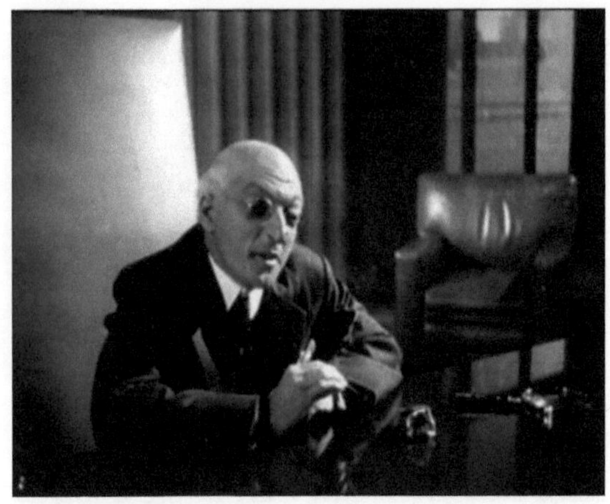

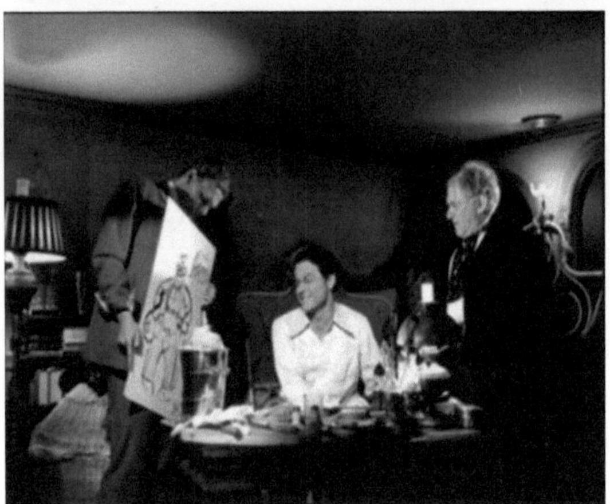

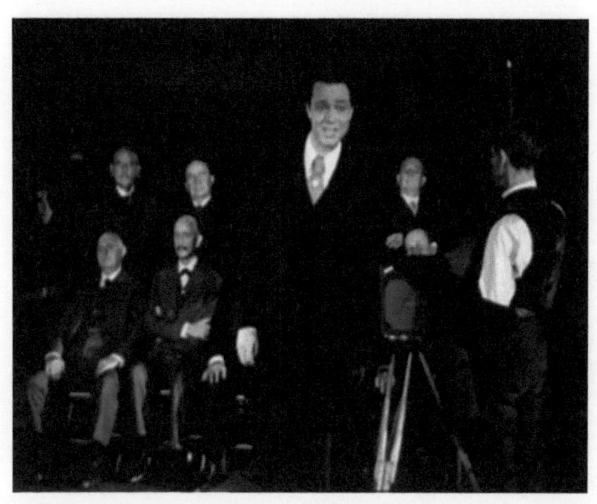

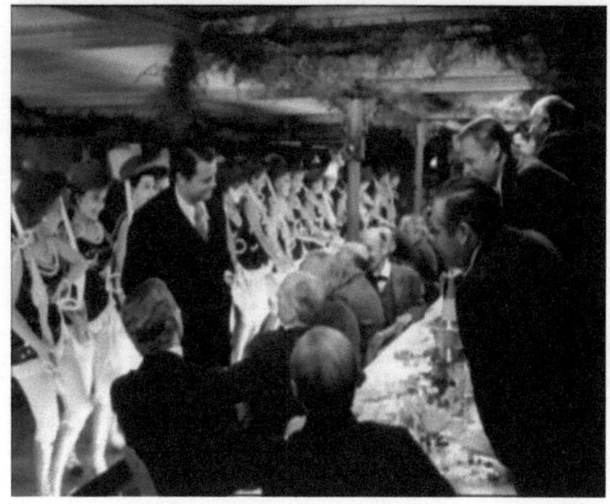

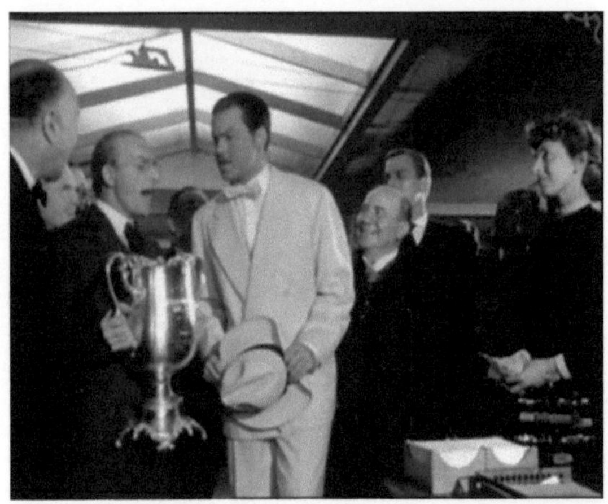

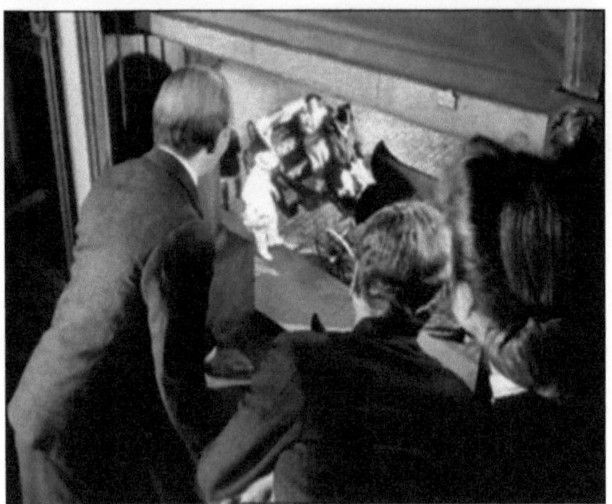

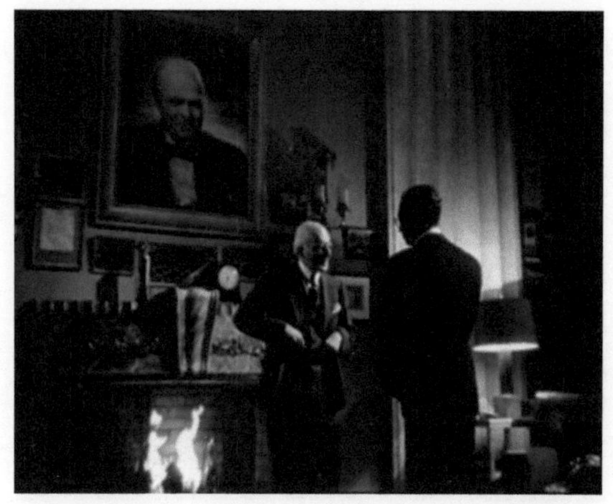

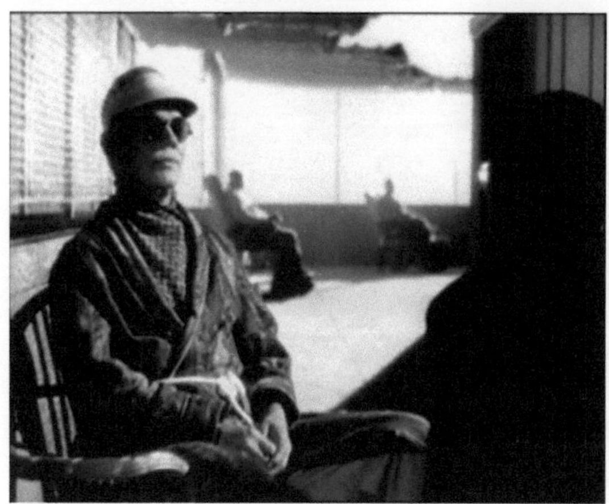

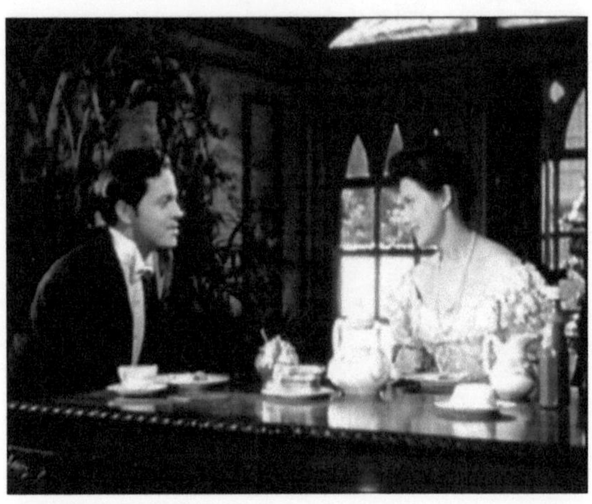

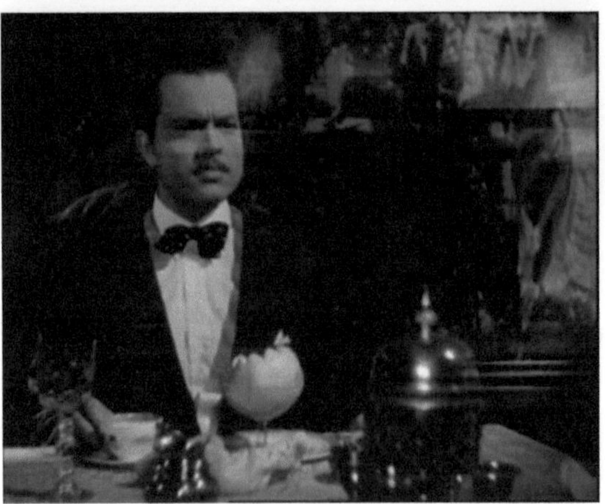

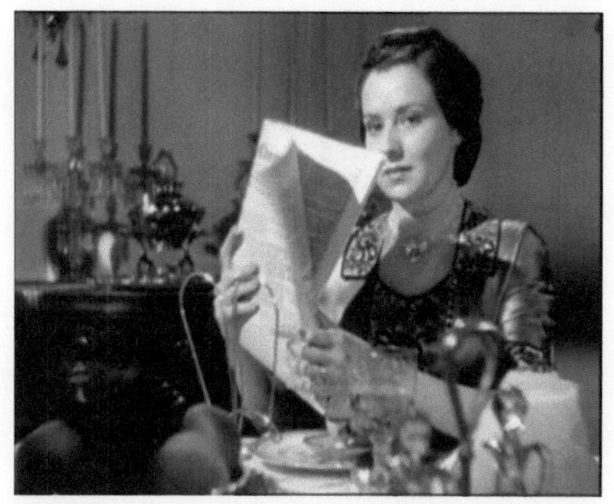

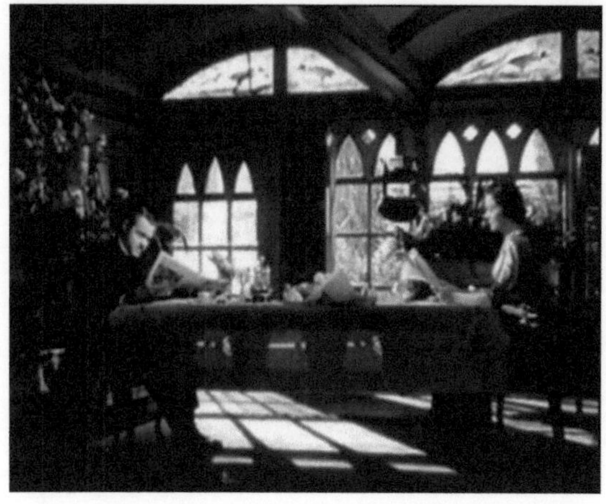

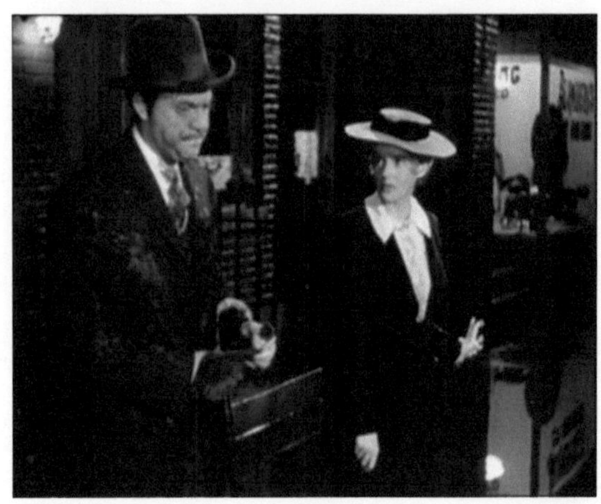

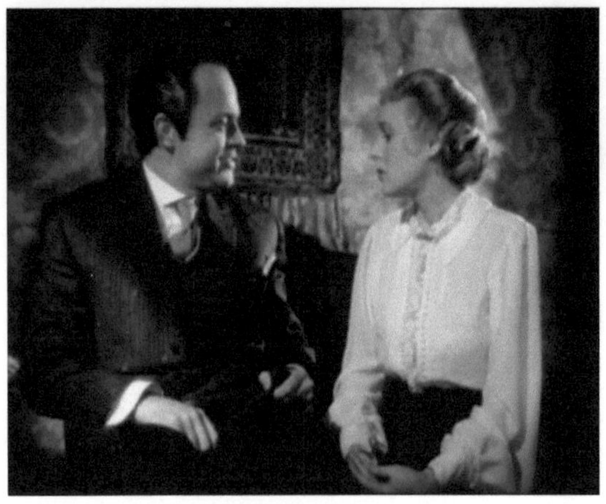

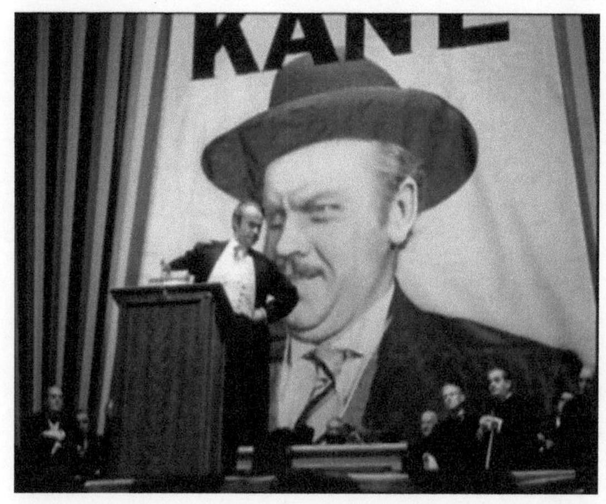
KANE

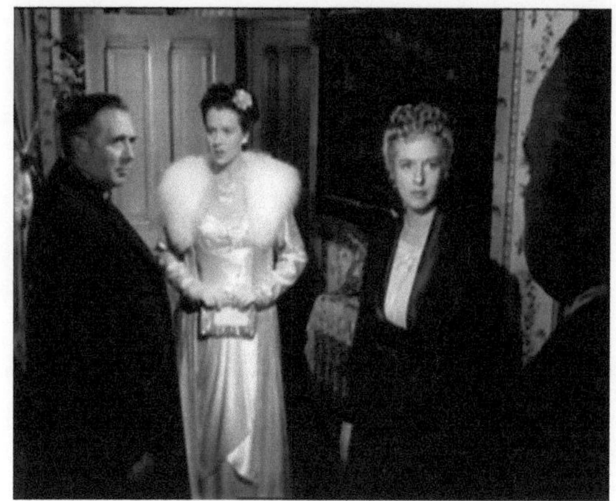

[Kinematograph]

Die [Kunst] der [Kinematographie], ist wohl eine [Kunst] der [Bewegungs – Bild – Illusion], des [Wechsels] von [Licht und Dunkelheit], von [Bildern und Übergängen], von [Wahrheit und Lüge], doch damit dies möglich wird, müssen sich [Bilder] auf einem [Filmstreifen] [fixieren], ähnlich einer [Photographie] auf einem [lichtempfindlichen Photopapier]; oder die notwendigen [Bilder] werden von einem [lichtempfindlichen Sensor] in einem [Aufnahmeapparat] unserer [Zeit] [aufgezeichnet] und auf einem [Speichermedium] abgelegt. Wie auch immer. Auf jeden Fall sind festgehaltene [Bilder] für die [[Reproduktion] des [Aufgenommenen]] notwendig. [24 Bilder] im [Kino] in einer [Sekunde], oder [25 mal Illusion] in einer [Sekunde] aus dem [Fernseher].

Für Bergson und Deleuze ist der durch eine [Bewegung] [durchlaufene Raum] [teilbar]. Eine [Teilung] des [Raumes] lässt sich bis ins [Unendliche fortsetzen] – die den [Raum] [durchlaufende Bewegung] jedoch ist [unteilbar] – oder die [durchlaufende Bewegung] würde nach einer jeden [Bewegungs – Teilung] ihre [Beschaffenheit] [verändern]. Der [Kinematograph] [vollzieht] eine solche [Bewegungs – Teilung]. Er [erzeugt] [gleichförmige Schnitte].
[24 Bilder / Sekunde] und [teilt] die [Bewegung] mittels einer [mechanisch – abstrakten Zeit] in [unbewegliche Schnitte]. Die [reale Bewegung] [ereignet] sich im [Kinematographen] nur in [Sprüngen] von einem [unbeweglichen Schnitt] zum nächsten [unbeweglichen Schnitt].

Die [reale Bewegung] lässt sich jedoch nicht in einem [Punkt] [fixieren] ohne nicht zugleich ihre [Beschaffenheit] zu [verändern].

Folgesatz:
[Reale Bewegung] [qualitative Dauer] : [unbewegliche Schnitte] [abstrakte Zeit]

Jede [reale Bewegung] [erfährt] ihre [qualitative Dauer]. Eine [Bewegung], hervorgerufen durch [unbewegliche Schnitte] und [abstrakte Zeit], nennt Bergson, [kinematographische Illusion].

Folgesatz:
Der [Kinematograph] [erzeugt] [kinematographische Illusionen].

»Der Film liefert uns also eine falsche Bewegung, er ist das typische Beispiel einer falschen Bewegung. Es ist jedoch eigentümlich, daß Bergson einen derart modernen, gerade entstandenen Ausdruck (›kinematographisch‹) für diese uralte Illusion wählt. Wenn der Film mit unbeweglichen Schnitten die Bewegung rekonstruiert, geht er nach Bergson in der Tat nicht anders vor als das älteste Denken (die Zenonischen Paradoxien) oder die natürliche Wahrnehmung.«[1]

Die [Bewegungs – Illusion] des [Kinematographen] [vollzieht] sich in der [gleichförmigen Nachläufigkeit der unbeweglichen Schnitte]. 24 Bilder pro Sekunde, [nach und nach] und [Bild für Bild]. Seine [Vorläufigkeit] ist sein eigenes [Aggregat], welches in jedem [unbeweglichen Schnitt], als [notwendige Grundlegung] selbst [fungiert]. Nach der [Vorläufigkeit] seiner [Konstruktion] [bringt] er eine [gleichförmige Nachläufigkeit der unbeweglichen Schnitte] [hervor] – und durch die [gleichförmige Nachläufigkeit der unbeweglichen Schnitte] eine [Bewegungs – Illusion].

---

1 [Das Bewegungs-Bild [Kino 1]], Gilles Deleuze, suhrkamp taschenbuch wissenschaft, Suhrkamp Verlag Frankfurt am Main, Erste Auflage 1997, S. 14

»Der Film arbeitet mit Phasenbildern, das heißt mit unbeweglichen Schnitten, vierundzwanzig (anfangs achtzehn) Bilder pro Sekunde. Doch, wie bereits häufig angemerkt, gibt er uns kein Photogramm, sondern ein Durchschnittsbild, dem dann nicht etwa noch Bewegung hinzugefügt oder hinzugezählt würde – Bewegung ist im Durchschnittsbild unmittelbar gegeben.«[2]

Für Deleuze gibt uns der [Film], der durch den [Kinematographen] [läuft], kein [Bild] welches [nachträglich] in [Bewegung] [versetzt] wird, vielmehr konfrontiert uns der [Film] mit einem [Bewegungs – Bild]. Das [Bewegungs – Bild] [vollzieht] nicht mehr einen [unbeweglichen Schnitt], welcher mit einer [abstrakten Zeit] [zusammenfällt], sondern es [vollziehen] sich in den [Bewegungs – Bildern] – [bewegliche Schnitte].

Hypothese:
[Bewegliche – Schnitte] [bilden] durch [organische Montage] [Variationen und Reflexionen] der [vor – läufig gegebenen Bewegungsbilder] [heraus]. Durch die [inneren Kräfte] [evolutiv organischer Montage] findet eine [Bewegungsaktualisierung] statt. Das [Wirken] [evolutiv organischer Montage] [ent – faltet] sich im [dauern] der [ent – Faltung].

Und wie sich der [Film] [Citizen Kane] [nach und nach] vor dem [Zuseher] [ent – faltet], wird [Dauer] nach Bergson und Deleuze zur [Bedingung von Erfahrung], in welche der [Raum] seine [Schnitte] [ein – führt]. [Schicht] für [Schicht], [Region] für [Region], [Einstellung] für [Einstellung] [wird] in diesem Orson Welles [Film] [aktualisiert]. Mit jeder [Aktualisierung] [er – fährt] der [Wochenschau – Journalist] – dem [Schema] der [subjektiven Erinnerungsbilder] nach, den [Begriff] – [Charles Foster Kane].
Eine solche [bildende Kraft] greift den [Körper], so Kaulbach, nicht wie eine [bewegende Kraft] von [außen] her an, um seinen [Bewe-

2 Ibid. S. 14

gungszustand] zu verändern, sondern sie nimmt sich des Körpers so an, dass daraus ein »Leib« wird: wie z.B. beim Ernährungsprozess der aufgenommene Nahrungsstoff nicht nur an den Organismus dran gestückelt, sondern zum organischen Leib verwandelt wird. Kant spricht davon, dass bildende Kraft die Fähigkeit habe, zu »organisieren«.
So [unterhält] jede [Aktualisierung] ihre [bildenden Kräfte] und eine [Fähigkeit] [in sich] zu [organisieren]. Ist jedoch ein [Bild] durch eine [Aktualisierung der freien Natur] [gegeben], als [Modell] diene der [Film], so kann es nur [er – fahren], und durch eine [freie Vernunft], [nach – läufig] [beurteilt] [werden]. Es [wird] also, für Kant und Kaulbach, [Gegenstand] der [Reflexion]. Der [Gegenstand der Reflexion], [stellt] sich für Kant, in seiner [Darstellung] [dar]. Der [Gegenstand der Reflexion] wird seiner [psychologischen Aktualisierung] nach [aktualisiert], und [wird] in seiner [Nach – Läufigkeit] der [beurteilenden Vernunft] [schematisch] [gegeben]. Durch die [Verschränkung] der [psychologischen Aktualisierung] [erhält] der [schematisch gegebene Gegenstand] seine [Dauer] – [vollzieht], nach Bergson, [seinen Wandel] – und [erhält] seinen [symbolischen Charakter], indem er [über – dauert]. Indem der [Gegenstand der Reflexion] in seiner [Darstellung] [über – dauert], [er – fährt] der [Gegenstand] in seiner [Darstellung] – eine [Vollkommenheit]. Eine solche [Vollkommenheit] [zeigt] sich in einer [frei organisierenden Vernunft] als [freies Schema] und als [Symbol].
Darum ist es für Kant und Kaulbach, in einer [analogen Weise] zu [beurteilen] und zu [reflektieren], wie das [Original], die [Idee] der [Vollkommenheit] [selbst].
Der [Begriff] des [Modells] [verschränkt] also [Schema] und [Symbol], und [vollzieht seiner Form und Aktualisierung nach] die [Idee] der durch [ihn] [dar – gestellten] [freien Natur].

»Bevor das Modell eine Rolle als ein Mittel des Erkennens spielte, gebrauchte man im Bereich des Herstellens, der Techne, diesen Namen. Der Bildhauer macht sich z. B., bevor er sein Werk endgültig verwirklicht und ihm die dafür bestimmte Form und sein Material gibt, ein ›Modell‹ aus Gips. An diesem Modell kann er noch verändern, es gilt noch nicht als endgültige Wirklichkeit:

Vielmehr bietet es noch Möglichkeiten des Ausprobierens und Experimentierens.

[...]

Auch wenn der Architekt ein Modell eines zu bauenden Hauses herstellt, experimentiert er, indem er am Spielzeughaus, welches nicht den Naturbedingungen des wirklichen Hauses unterliegt, freie Möglichkeiten erwägt, die gleichwohl zu wirklichen Bestimmungen des wirklichen Hauses werden können.«[3]

Das [Modell] ist [Möglichkeit], [Analogie] und [Vorbild] für den [wirklichen Vollzug] selbst.

Folgesatz:
Das [Modell] ist der [Realisation] in [freier Natur] [vor – läufig].

3 [Schema, Bild und Modell nach den Voraussetzungen des Kantischen Denkens], Friedrich Kaulbach, in [KANT Zur Deutung seiner Theorie von Erkennen und Handeln], Neue Wissenschaftliche Bibliothek Philosophie, herausgegeben von Gerold Prauss, Kiepenhauer & Witsch Köln, S. 122

In den Tagebuchaufzeichnungen Dsiga Wertows

In den Tagebuchaufzeichnungen Dsiga Wertows aus dem Jahre 1936, finden wir das [Schema] eines [schöpferischen Laboratoriums].
Für Dsiga Wertow ist ein [schöpferisches Laboratorium] nötig als:

»Übergang von der Situation ›alles unmöglich‹ zu der Situation ›alles möglich‹ (das ›Unmögliche‹ ist eine Aufgabe, die nur dazu da ist, gelöst zu werden);
Übergang vom System der dauernd zu koordinierenden zum System der dauernden Tätigkeit.
…, wenn uns nur die Möglichkeit gegeben wird, unsere Filme so zu machen, wie wir es können und verstehen, unter den besonderen, eigenen Bedingungen, die für diesen Filmtyp notwendig sind.
Wir hassen schöpferische Schwierigkeiten nicht.
Wir lieben sie, wir werden sie mit Vergnügen überwinden.«[1]

Für Wertow [wird] das [SCHEMA DES LABORATORIUMS], auch zu einer [Form] [schöpferischen Widerstandes]. Eine jede [scheinbare Unmöglichkeit] soll durch ein [schöpferisches – Schema] in eine

---

1 [DSIGA WERTOW [Aus den Tagebüchern]], Eigentümer und Verleger: Österreichische Filmmuseum, Wien, (Deutsche Übersetzung) Österreichisches Filmmuseum, Wien 1967, herausgegeben von Peter Konlechner und Peter Kubelka, S. 67

[Möglichkeit] [übergehen]. Den [Ort] des [Übergangs] [bildet] das [SCHÖPFERISCHE LABORATORIUM] [selbst]. Somit [dient] das [SCHEMA DES LABORATORIUMS] als [notwendige Vorläufigkeit] einer [schöpferischen Hervorbringung], eines [schöpferischen Werdens]. Für Wertow [sollte] [es] in seinem [schöpferischen hervorbringen] eine [Bewegung] ohne der »üblichen Stillstände« sein.
Und Wertow meint, wenn die Aufnahme aus irgendeinem Grund vereitelt wird, kann man sich sofort einer anderen zuwenden (wenn nicht für das gestellte Thema, so sind die Aufnahmen doch für ein anderes Thema interessant).

Schöpferisches Laboratorium

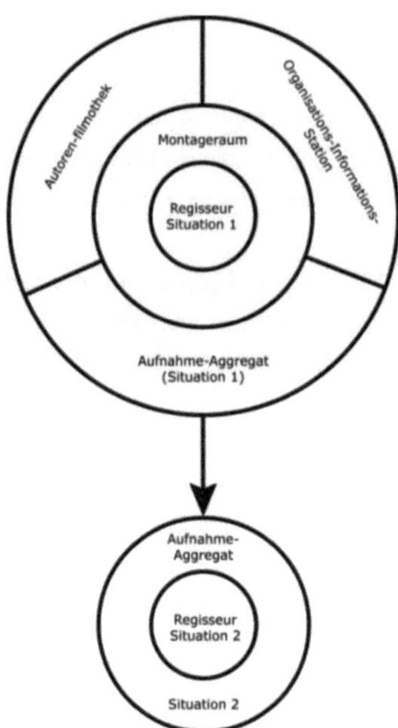

SCHEMA DES LABORATORIUMS

1. Kabinett des Regisseurs

Es ist der Ort der Überlegungen; Erledigung der Schreibarbeiten; Ort der Entwürfe: Aufnahme- und Montagepläne und Schemata schriftlich niedergelegt; hier werden Besucher empfangen; auf einer kleinen Leinwand werden die Resultate der Operationsabteilungen durchgesehen und überprüft; Ort der Konferenzen mit den Mitarbeitern; mit Bleistift und Schere in der Hand werden Materialien studiert und mitgeteilt; Ort der Erholung nach der Arbeit und während der Nachtarbeit; Ort der Arbeitspause; Ort der Einsamkeit und Konzentration auf schwierige Operationen; Ort der Gedanken und verantwortlichen Entschlüsse.

2. Operationsraum

Ort für Montagearbeit; Ergebnisse der Arbeit werden mit der Informations- und Aufnahmeabteilung ausgetauscht; Platz an dem zum ersten Mal die Materialien nach der Aufnahme sortiert und die Negative entwickelt werden; nach der Herstellung der Positive werden die Materialien erneut sortiert und geordnet; ein weiteres Mal werden Bild- und Tonmaterial nach thematischen Gesichtspunkten sortiert; Durchführung der Rohmontage; Verbesserung und Umstellung; Kontrolle aller Teile im einzelnen und aller Teile miteinander; Verbindung der Bilder mit Musik, Wort, Titel; Revision des Tempos und des Rhythmus der Dinge; Überprüfung der Metrage; endgültige Montage.

3. Information- Organisations-Büro

Augen und Ohren des Laboratoriums; Ort des Nachrichtendienstes, Beobachtungsstation, telephonische, schriftliche und persönliche Verbindung mit den beobachteten Personen und Geschehnissen; Organisation der Beobachtungspunkte; Vorbereitung des Informationsmaterials für den Regisseur; Erfüllung informativer und organisatorischer Aufgaben; Administrative Arbeit bei der Filmaufnahme; Verantwortung für die Transportmittel; für die Bereitschaft, in jeder beliebigen Minute filmen zu können.

4. Autoren-Filmothek

Ort der Aufbewahrung schöpferischer Vorbereitungen des Autors; Ort, von dem aus der Operationsraum mit dem der schöpferischen Operation zugrunde liegenden Material versorgt wird: Aufzeichnungshefte des Regisseurs; Entwürfe, Lichtbilder, Skizzen und andere lagernde Stücke; Montagebasis von besonderer Bedeutung, die von Film zu Film wächst; durch Steigerung der Quantität des schöpferischen Materials, wird der Abstand der Filmherstellung allmählich herabgesetzt.

5. Bewegliches Aufnahme-Aggregat

»Haus auf Rädern«; Autobus mit Spezialausrüstung, mit Anhänger; er bietet die Möglichkeit, Filmaufnahmen an jedem beliebigen Ort, zu jeder beliebigen Zeit, zu beliebigen Bedingungen zu machen.

Im Falle Dsiga Wertows [verschränkt] der [Begriff] des [Modells] [zugleich] [Schema] und [Symbol], und [vollzieht seiner Form und Aktualisierung nach] die [Idee] der durch [ihn] [dar – gestellten] [freien und schöpferischen Natur]. Ein [produktives, freies und nicht fesselndes Laboratorium], schwebt unserem Dsiga Wertow im Sinn – ein [freies Laboratorium], in welchem eine [schöpferische ent – Faltung] seiner [freien Vernunft] [ermöglicht] wird.

Folgesatz:
[Freie Natur] [ist] [reale Bewegung] in ihrer [qualitativen Dauer].

MAN WITH A MOVIE CAMERA, DZIGA VERTOV, 1929

[Vorläufig] sei angemerkt, dass Dziga Vertov seine Filmrichtung [Kinoglaz] (Filmauge) nennt. [Diejenigen], welche mit ihm für ein [freies und schöpferisches Kinoglaz] kämpfen, nennen sich [Kinoki] und seinen Film bezeichnet er als eine [visuelle Symphonie].

»Der Film ›Der Mann mit der Kamera‹ stellt den Versuch einer filmischen Wiedergabe visueller Erscheinungen dar ohne Zuhilfenahme von Zwischentiteln (ein Film ohne Zwischentitel), ohne Zuhilfenahme des Theaters (ein Film ohne Schauspieler und Bühnenbilder).
Diese neue experimentelle Arbeit ›Kinoglaz‹ zielt ab auf die Schaffung einer echten internationalen Sprache des Films, auf die Schaffung *einer absoluten Kinografie*, auf die völlige Trennung des Films von Theater und Literatur. Andererseits reicht der Film ›Der Mann mit der Kamera‹ ebenso wie ›Das elfte Jahr‹ dicht an die Periode des ›Radioglaz‹ heran, das die Verfechter des ›Kinoglaz‹ als eine neue, höhere Entwicklungsetappe des Nichtspielfilms definieren.«[1]

»Und wir haben viele Feinde. Anders geht es nicht. Das stört natürlich bei der Verwirklichung unserer Ideen, aber dafür stärkt es uns im Kampf und schärft die Gedanken. Wir treten der künstlerischen Kinematographie entgegen, aber sie erweist sich uns hundertmal überlegen. Mit den Geld-Krümeln, die vom Tisch der künstlerischen Kinematographie fallen, aber manchmal auch ohne Mittel, bauen wir unsere bescheidenen Filmchen zusammen.«[2]

---

1 [Schriften zum Film], Dziga Vertov, Reihe Hanser 136, Carl Hanser Verlag, 1973, S. 117

2 [DSIGA WERTOW [Aus den Tagebüchern]], Eigentümer und Verleger: Österreichische Filmmuseum, Wien, (Deutsche Übersetzung) Österreichisches Filmmuseum, Wien 1967, herausgegeben von Peter Konlechner und Peter Kubelka, S. 9

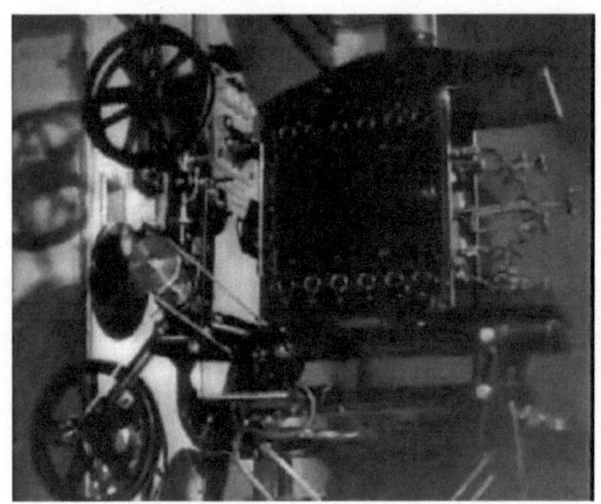

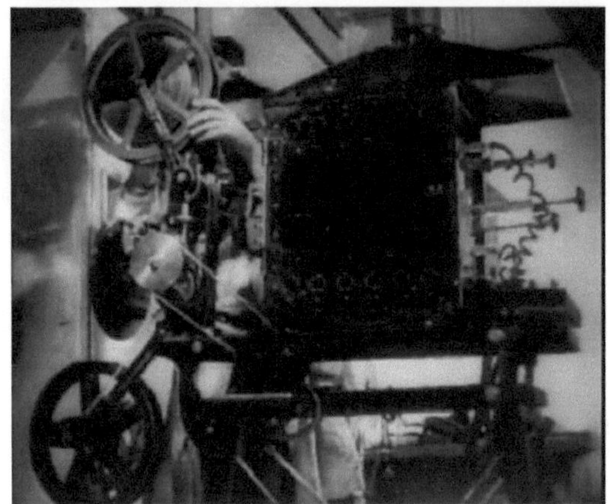

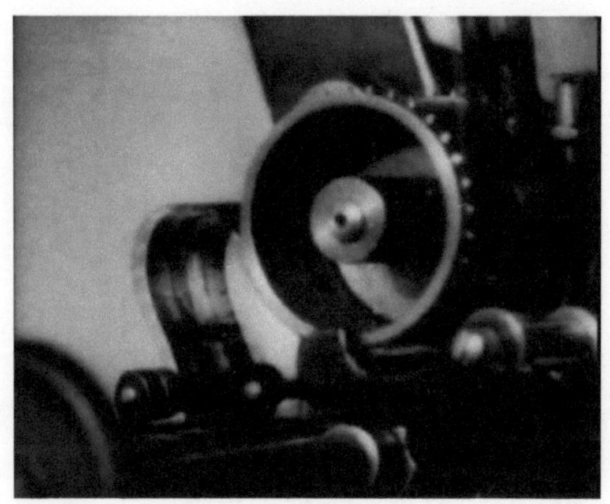

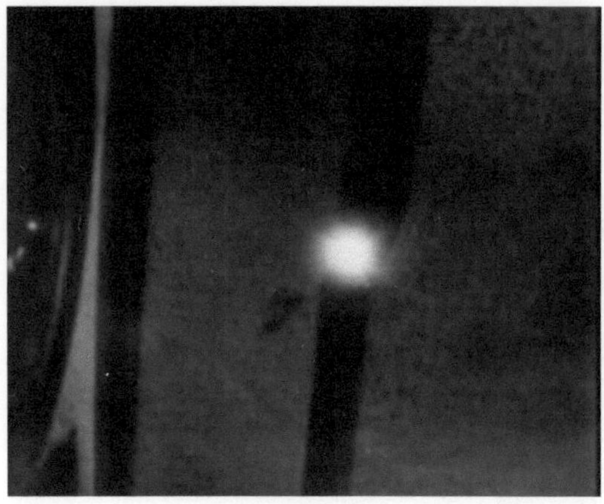

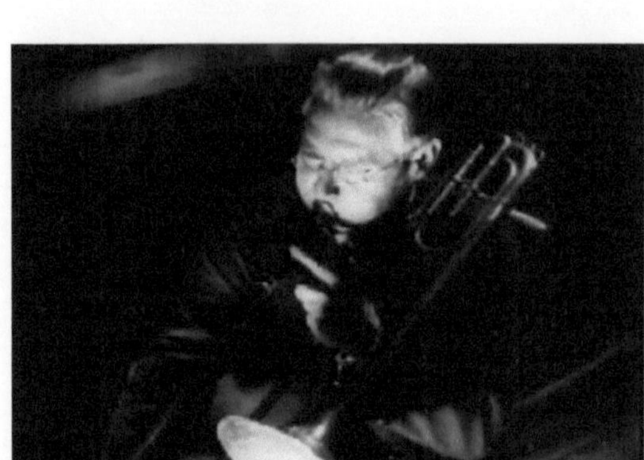

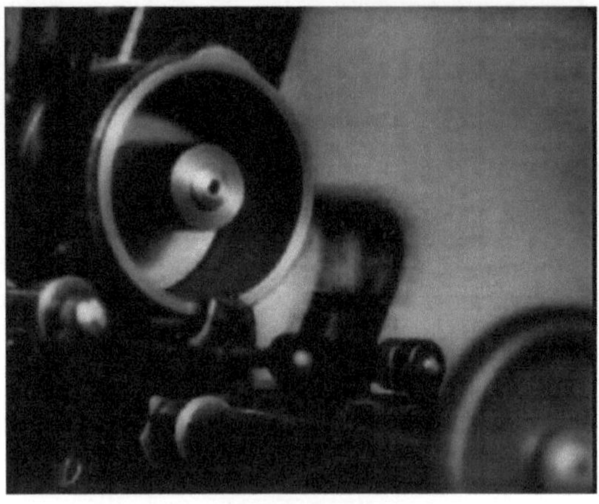

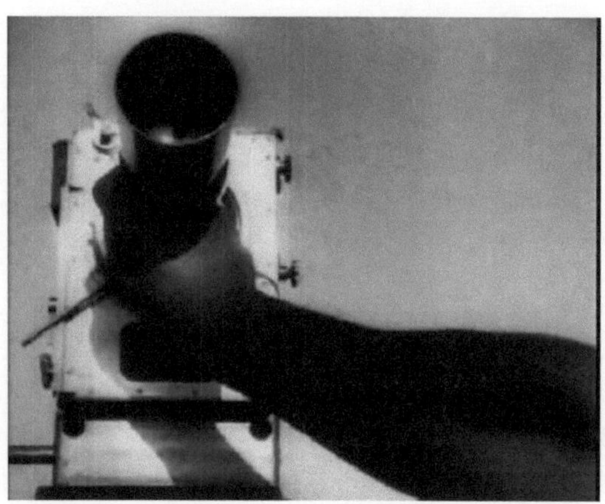

»Das Grundlegende und Wichtigste ist: Die filmische Wahrnehmung der Welt. Der Ausgangspunkt ist: die Nutzung der Kamera als Kinoglaz, das vollkommener ist als das menschliche Auge, zur Erforschung des Chaos von visuellen Erscheinungen, die den Raum füllen. Kinoglaz lebt und bewegt sich in Raum und Zeit, nimmt Eindrücke auf und fixiert sie ganz anders als das menschliche Auge. Die Verfassung unseres Körpers während der Beobachtung, die Anzahl der von uns in einer Sekunde wahrgenommenen Momente dieser oder jener Erscheinungen sind in keinster Weise verbindlich für die Kamera, die um so mehr und besser wahrnimmt, je vollkommener sie ist. [...]«[3]

Für den [kleinen Mann mit Filmkamera] [zeigt] sich [nach und nach] das [Chaos] der [Erscheinungen], welche wiederum für den Zuseher [mehr und mehr] in ein [planmäßiges Treiben] [übergehen]. Der [Wechsel] der [Jahreszeiten]. Er [filmt] [natürliche Abläufe] genauso wie [Abläufe] [technischer Natur], [sozia-

3 [Schriften zum Film], Dziga Vertov, Reihe Hanser 136, Carl Hanser Verlag, 1973, S. 15

ler Natur], [Abläufe der Wirtschaft] aber auch [reflektierender – intellektueller Natur]. So [ergibt] sich durch die [Montage] der einzelnen aufgenommen kleinen [Teile] [nach und nach] ein [Ganzes] – ein Film.

»Im Gegensatz zur Filmkamera, wo die Aufnahmekamera fast starr ist, wo das ganze ›Leben‹ in strenger Ordnung vorschriftsgemäß nach Szenen, nach Einstellungen dem Objektiv zustrebt, wartet und hört das Leben hier nicht auf Vorschriften des Filmregisseurs. Tausende und Millionen von Menschen tun ihre Arbeit. Der Frühling löst den Winter ab. Der Sommer den Frühling. Gewitter, Regen, Sturm und Schnee fügen sich nicht den Anweisungen eines Szenariums. Feuerbrünste, Eheschließungen, Beerdigungen, Jubiläen – alles geschieht zu seiner Zeit und kann nicht von den Erfordernissen eines Arbeitsplanes geändert werden, den ein Filmliterat erfunden hat.
Der Mann mit der Kamera muß sich von seiner gewohnten Starrheit lösen. Er muß ein Maximum an Beobachtungsgabe, Schnelligkeit und Geschwindigkeit an den Tag legen, um die hinfliehenden Lebenserscheinungen noch zu erreichen.«[4]

4 Ibid. S. 119 f.

Kasimir Malewitsch beklagt sich

Kasimir Malewitsch beklagt sich in seinen »Schriften zum Film« über die [Statik] in der Bildgestaltung der neuen Kunst. Eine solche [Statik] zeigt sich bereits in der Betrachtung der Filmplakate, den [Film–Klarmachern]. Sie gleichen, wie die [Filme], welche durch sie [klar gemacht] werden, eher einer Tafelmalerei, als einer [dynamischen Kunst]. Wie der [Film], so müsse auch der [Film–Klarmacher] einer [wissenschaftlichen Erforschung] unterzogen werden.

»Ein Filmplakat als Klarmacher haben wir bis heute nicht. Vor allem nicht spezifiziert für den Film. Doch vielleicht gibt es kein solches aus einem einfachen Grund: weil es noch keinen Film gibt? Es gibt lediglich Apparate [Kameras], die Bleistifte, Pinsel, und Farbpalette ersetzt haben – ein neues Mittel zur Wiedergabe jener Bilder, in die die alten Meister so viel Kraft investiert haben; also ist der Film nur eine neue technische Erfindung aus dem Bereich der perfekten Reproduktion der Realität in der Kunst, und Regisseure sind lediglich neue bildende Künstler, deren Werke an die der statischen Maler erinnern? Deshalb haben wir keine Filmplakate, sondern Schnipsel aus dem auf der Leinwand ablaufenden Inhalt in dem einen oder anderen Gemisch statischer Bildgestaltung, wobei die Eigenart dieses Gemisches vom Wesenszug der untereinander konkurrierenden Dramen, Tragödien und ihrer Helden geprägt wird.«[1]

1 [DAS WEISSE RECHTEK [Schriften zum Film]], Kasimir Malewitsch, herausgegeben von Oksana Bulgakowa, 1997 PotemkinPress Berlin, S. 24

Der [Film–Klarmacher] wie er angewendet wird, ist für Malewitsch, wie auch das Tafelbild selbst, eine Ansammlung von unterschiedlichen [Elementen]. Das Resultat der [Multiplikation von Elementen mit Elementen] sind [Fragmente]. [Multipliziert] man nun [Fragmente] mit [Fragmenten] – so erhält man ein [Werk]. Solche [Werke] seien [Tafelbilder – Werke], welche mit keiner [zeitlichen Dimension] [multipliziert] sind. Der [Zweck] der neu aufkommenden [Filmkunst] und der damit verbundenen [Film–Klarmacher], kann für Malewitsch nicht einzig im [statisch dekorativen] liegen. [Plakate], welche nach dem Vorbild der [Dekoration] hergestellt werden, lassen den [Blick] keinen [Halt] finden. Er »zerstäubt« sich, wie Malewitsch meint, über »Förmchen verschiedener räumlicher Beziehungen«. [Film–Klarmacher] werden größtenteils in öffentlichen Räumen angebracht. Nach Malewitsch müssten sie den [öffentlichen Raum] [mit einbeziehen], denn durch ihn ergibt sich ein [Kontrast], welcher in der Lage wäre den [Blick] zu [fixieren]. So spielt die [Form] des [Klarmachers] eine erste große Rolle, denn durch sie findet eine [Unterscheidung] gegenüber anderen [Klarmachern] statt.

»Ich habe einmal zwei Buchumschläge gezeigt; alle lasen: ›Sindetikon‹, obwohl dort ›Koldetikon‹ geschrieben stand. Erst als der Umschlag farblich anders gestaltet wurde, haben die Betrachter bemerkt, das dort nicht ›sin‹, sondern ›kin‹ stand. Noch ein Beispiel: in den Schaufenstern zweier Läden hingen Schriftplakate; auf einem stand ›Skorochod‹ [eine Schuhfabrik in Moskau], auf dem anderen ›Schuhe‹. Trotz dieses Umstands gingen viele in den Laden ›Schuhe‹ und glaubten, daß sie einen ›Skorochod‹-Laden betreten hatten. Warum? Weil das Wort ›Schuhe‹ in der Firmenschrift von ›Skorochod‹ ausgeführt wurde. Die Buchstaben hat der Besucher nicht wahrgenommen, nur die vertraute Typographie. Auf diese Weise können wir nur die Typgraphie vorgeben und erreichen bereits unser Ziel. 1925«[2]

2 Ibid. S. 30

Der [Film] ist auf dem Gebiet der [Kunst] eine ähnliche [Vervollkommnung], wie die [evolutiv organische Hervorbringung] des [Menschen] selbst. Eine jede [Inszenierung] ist für Malewitsch ein [Bild], die [Skizze] dafür heißt [Einstellung]. So verhält sich ein jeder [Regisseur], der [Bilder] nach dem [Vorbild] [alter Meister] [inszeniert], auch wenn er über ein neues [Arbeitsinstrument] verfügt, mit welchem er in der Lage ist, das [Bild] in der [Zeit] zu [ent – falten], doch grundsätzlich nicht anders, als eben jene [Meister]. Solche [Regisseure] nehmen mit Hilfe des [Lichts] ein [Ereignis] auf – so, wie man früher mit Licht eine Skizze gestaltet hat. Für Malewitsch [beeinflusst] ein auf der [Tafel] [erstarrtes] [Bild] den [Betrachter] so, dass die in seinem [Gehirn] [reflektierte Darstellung] in [Bewegung] gerät. Der [Mensch] [denkt] über [Ursachen] und [Wirkungen] nach, welche dieses [Bild] [auslöst]. Der [Film] ist in der Lage das [Bild] in der [Zeit] so zu [ente – falten], dass der [Betrachter] überhaupt nicht mehr [denkt]. Für Malewitsch ist Sergej Eisenstein in gewisser Weise in eine Agit–Tafelmalerei vertieft, jedoch nützt er den Agit–Inhalt indem er deren [Kontrastmittel] nutzt.

»Seine Einstellungen werden vom Inhalt ausgehalten; übersetzt in die Sprache der Malerei, bedeutet es das Wanderkünstlertum, dessen Malerei sich auf die gleiche Weise vom Inhalt aushalten ließ. Die Maler damals beschäftigten sich mit der Charakterisierung des Gesichts, mit seinen psychologischen Zuständen, mit der ›Stimmung‹, sie brachten Glück und Unglück zum Ausdruck, stellten Alltag, Geschichte, allerlei Leid, Hoffnung und Freude dar – anstatt die Malerei an sich zu offenbaren – oder, wie in unserem Fall, den Film an sich. Doch Eisenstein hat wenigstens einen Vorteil im Vergleich zu anderen Regisseuren: Er ist sich des Gesetzes der Kontraste bewußt und vermag es anzuwenden; die Zuspitzung kann ihn mit Hilfe der Kontraststruktur zum totalen Sieg über den Inhalt führen.«[3]

Für Malewitsch kann der [Film] nur zu einer [neuen Kunst] werden, indem er mit Hilfe der [reinen Abstraktion] zu neuen [Formen] findet

3 Ibid. S. 38

und seine [eigenständigen, dynamisch–kinetischen Strukturen] [bildet]. Der [Filmregisseur] ist für Malewitsch ein [Film–Licht–Maler] welcher die [Gesetze] der [Komposition] [rational] erfasst und zum [Wesen] der [Leinwand] vordringt um ihr eine [neue Bedeutung] zu entlocken. Der [Film] ist eine [Möglichkeit] um das [Hervorbringen] einer [suprematistischen Architektur] zu [demonstrieren] – von der [Bewegung] eines [schwarzen suprematistischen Quadrats] zur [architektonischen Ansicht] eines [fragmentarischen Systems].

»Eisenstein und Wertow sind wirklich erstklassige Künstler mit einem Hang nach links, denn der erste stützt sich auf den Kontrast und der zweite auf die ›Demonstration des Gegenstandes‹ an sich, doch sie müssen noch einen langen Weg zurücklegen – über den Cèzannismus, dann Kubismus, dann Futurismus und die Gegenstandslose Kunst zum Suprematismus, und die weitere Entwicklung ihrer Bildkultur kann nur davon abhängen, wie sie sich der Prinzipien der erwähnten Schulen bewußt werden.«[4]

4 Ibid. S. 40

SUB–SUMIERENDE VERSCHRÄNKUNG

Die [Elemente] der [kinematographischen Differenz] [bilden] ihre [kontrastierten Einstellungen].

Für Eisenstein ist die [Einstellung] die [Zelle] der [Montage] und der in ihr auftretende [Konflikt][1] bereits [potentielle Montage].
In [kontrastierten Einstellungen] [durchläuft] jedoch der [Kontrast] seine eigene [Spannung] und wird dadurch [selbst] zu einem [potentiellen Montagevermögen], welches aus sich [organisiert] und [selbst] wieder [evolutiv organische Kräfte] [hervorbringt]. Ein solches [Modell] von [Spannung] bringt bereits in nur einer [Einstellung] seine [Kontraste] und [seine Variationen] zum [Erscheinen].

Folgesatz:
In [kontrastierten Einstellungen] [organisieren] sich [evolutiv organische Kräfte].

Analogsatz:
[Evolutiv organische Kräfte] [bringen] [zugleich] [kontrastierte Einstellungen] [hervor].

Folgesatz:
[Evolutiv organische Kräfte] [vollziehen] ihrer [Bewegung] nach –

---

1 Sergej Eisenstein findet im [Kader] und in der [Explosion] eine Entsprechung für sein [Konfliktmodell]. Als mögliches [Modell] führt er die [Serie von Stößen im Verbrennungsmotor an] – [Auto], [Traktor], usw. ... [Explosion] folgt auf [Explosion] – [Verdichtung] folgt [sehr rascher Verbrennung], ...
Die [kinematographische Differenz] versteht unter [Konflikt] ein [auf- und aneinandergeraten der Kontraste], eine [Spannung], wie – [laut – leise], [hell – dunkel], [weiß – schwarz], [ruhend – bewegend], [Musik – Malerei], [A – B], [Anspannung – Abspannung], ...

[evolutiv organische Übergänge] und [bilden] durch ihre [evolutiv organischen Kontraste] ihre eigenen [evolutiv fragmentarischen Systeme] aus.

»Die Verknüpfung von Ursache und Folge, das heißt, der Übergang von einem Zustand in einen anderen, ist zugleich auch eine Existenzform der Zeit, eine Materialisierung dieses Begriffes in der Alltagspraxis. Doch eine Ursache, die eine bestimmte Folge hat, wird keinesfalls abgestoßen wie eine Raketenstufe, die ihre Aufgabe erfüllt hat. Wenn wir es mit einer Folge zu tun haben, dann kehren wir doch auch zu deren Quellen, den Ursachen zurück, drehen also – formal gesprochen – mit Hilfe des Bewußtseins die Zeit zurück!«[2]

[1 Synthesesprung der [kinematografischen Differenz]]

[Erfahrende- wie denkende Vernunft] [werden] von [evolutiv organischen Kräften] [affiziert].

»Unter Affekt verstehe ich die Erregungen unseres Körpers, durch welche das Tätigkeitsvermögen eben dieses Körpers vermehrt oder vermindert, gefördert oder gehemmt wird, und zugleich die Ideen dieser Erregungen. Wenn wir also von einer dieser Erregungen die vollentsprechende Ursache sein können, dann verstehe ich unter Affekt eine Handlung, im anderen Falle ein Leiden.«[3]

»In Anwendung der Form kann die Musik Resultate erzielen, die die Malerei nicht erreichen kann. Andererseits bleibt hinter manchen Eigenschaften der Malerei die Musik zurück. Z.B. hat die Musik die Zeit, die Ausdehnung der

---

2 [Die versiegelte Zeit [Gedanken zur Kunst, zur Ästhetik und Poetik des Films]], Andrej Tarkowskij, 2. Auflage 2002, Ullstein Taschenbuchverlag München, S. 62

3 [Die Ethik [Von dem Ursprunge und der Natur der Affekte]], aus den [Begriffsbestimmungen], Baruch von Spinoza,Schriften und Briefe, Hrsg. von Friedrich Bülow, Nachdruck der 7. Auflage 1976, Stuttgart: Kröner 1982, S. 113

Zeit zur Verfügung. Die Malerei aber kann dagegen, indem sie den erwähnten Vorzug nicht besitzt, in einem Augenblick den ganzen Inhalt des Werkes dem Zuschauer bringen, wozu wieder die Musik nicht fähig ist.«[4]

Wasily Kandinsky fügt dieser [Überlegung] eine [subsumierende Bemerkung] an, nämlich »Diese Unterschiede sind wie alles in der Welt, relativ zu verstehen. Im gewissen Sinne kann die Musik die Ausdehnung in der Zeit vermeiden und die Malerei – diese Ausdehnung anwenden. Wie gesagt, haben alle Behauptungen einen nur relativen Wert.«

[2 Synthesesprung der [kinematografischen Differenz]]

[Erfahrende- wie denkende Vernunft] [bilden] durch [evolutiv organische Verschränkungen] ihre [evolutiv organischen Kontraste] und [affizieren] sich [gegenseitig].

Folgesatz:
[Erfahrende- wie denkende Vernunft] [bilden] durch [evolutiv organische Kontraste] ihre [evolutiv organischen Übergänge].

[3 Synthesesprung der [kinematografischen Differenz]]

Aus [aktuell] [wird] [virtuell] – aus [virtuell] [wird] [aktuell] – eine in beide [Bewegungsrichtungen] [kontrastierend appellierende Verschränkung] der [erfahrenden- wie der denkenden Vernunft].

[Übergänge], wie sie von der [erfahrenden Vernunft] hin zur [denkenden Vernunft], und von der [denkenden Vernunft] hin zur [erfahrenden Vernunft] [vollzogen] [werden], also von der [Zustandsform] [aktuell] zur [Zustandsform] [virtuell] und umgekehrt [übergehen], [bringen]

4 [Über das Geistige in der Kunst], Kandinsky, Benteli Verlag Bern 1952, autorisiert von Frau Nina Kandinsky, S. 55

auch [zugleich] ihre eigenen [evolutiv organischen Spannungen und Kontraste] [hervor]. Hierin gleicht die [Vernunftbewegung] der [kinematografischen Bewegung]. Jedoch ist der [Kinematograph] als [Aggregat] nicht in der [Lage] sich [selbst] zu [affizieren] um [vernünftige Sprünge] zu [erzielen]. Der [Kinematograph] [vollzieht] einzig die [Bewegung] seiner ihm [vorgegebenen] [Apparatur] und dient den [Bildern] als [Aggregat]. Durch das [kinematographische Aggregat] [werden] die [vor – läufig] auf dem [Filmstreifen] [fixierten Bilder] von ihrer [Fixierung] [befreit] und [erfahren] die [Möglichkeit] einer [ästhetischen ent – Faltung].

[vor – läufige Synthesis]:
[ästhetische Projektion] und [ästhetische ent – Faltung] [bedingen] sich für eine [erfahrende- wie denkende Vernunft] [gegenseitig]

»Es geht – ich wiederhole es noch einmal – um die Zeit in der Form eines Faktums! Das ideale Kino ist für mich die Filmchronik, die ich nicht etwa als eine Filmgattung, sondern als eine Art, das Leben zu rekonstruieren, ansehe«[5]

Bei Kant [werden] durch die [Urteilskraft] [Verstand und Einbildungskraft] in einem [Verhältnis] [gegen – einander] [betrachtet]. [Objektiv], als ein [Verfahren] des [transzendentalen Schematismus] und notwendig zur [Erkenntnis] [gehörig], [subjektiv] jedoch, als ein [Vermögen] den [Gemütszustand] durch ein [empfindbares Verhältnis] zu [affizieren].

»Im ästhetischen Sinnes-Urteile ist es diejenige Empfindung, welche von der empirischen Anschauung des Gegenstandes unmittelbar hervorgebracht wird, im ästhetischen Reflexionsurteile aber die, welche das harmonische Spiel der beiden Erkenntnisvermögen der Urteilskraft, Einbildungskraft und Verstand im

5 Die versiegelte Zeit [Gedanken zur Kunst, zur Ästhetik und Poetik des Films]], Andrej Tarkowskij, 2. Auflage 2002, Ullstein Taschenbuchverlag München, S. 68

Subjekt bewirkt, indem in der gegebenen Vorstellung das Auffassungsvermögen der einen und das Darstellungsvermögen der andern einander wechselseitig beförderlich sind, welches Verhältnis in solchem Falle durch diese bloße Form eine Empfindung bewirkt, welche der Bestimmungsgrund eines Urteils ist, das darum ästhetisch heißt und als subjektive Zweckmäßigkeit (ohne Begriff) mit dem Gefühl der Lust verbunden ist.«[6]

Bei Kant [werden] durch die [Urteilskraft] [Verstand und Einbildungskraft] in einem [Verhältnis] [gegen – einander] [betrachtet]. [Objektiv], als ein [Verfahren] des [transzendentalen Schematismus] und notwendig zur [Erkenntnis] [gehörig], [subjektiv] jedoch, als ein [Vermögen] den [Gemütszustand] durch ein [empfindbares Verhältnis] zu [affizieren].

[4 Synthesesprung der [kinematografischen Differenz]]

[Subjektiv] [formen] sich [evolutiv kontrastierte Einstellungen] welche [unmittelbar] den [Körper] [affizieren] und [sub–sumierend [objektiv] verschränken].

6 [Kritik der Urteilskraft], Immanuel Kant, Herausgegeben von Wilhelm Weischedel, suhrkamp tb wissenschaft, Erste Auflage 1974, S. 37-38

Philosophischer Begriff und der Weiße Wal

Für Deleuze und Guattari gibt es keine einfachen [Begriffe]. Jeder [Begriff] besteht aus mehreren [Komponenten] und [definiert] sich durch diese. Ein solcher [Begriff] stellt eine [Mannigfaltigkeit] dar – jedoch ist nicht eine jede [Mannigfaltigkeit] auch [zugleich] [Begriff].

»Selbst der erste Begriff, jener, mit dem eine Philosophie ›beginnt‹, hat mehrere Komponenten, da es sich ja nicht von selbst versteht, dass die Philosophie einen Anfang haben muss, und da sie, wenn sie einen Anfang bestimmt, einen Standpunkt oder einen Grund hinzufügen muss. Descartes, Hegel, Feuerbach beginnen nicht nur nicht jeweils mit demselben Begriff, sondern haben auch nicht denselben Begriff von Anfang.«[1]

Ein Begriff [bildet] ein [Ganzes], weil er seine [Komponenten] [totalisiert]. Sein [Ganzes] bleibt jedoch [fragmentarisch], denn nur so gelingt es ihm, aus dem [mentalen Chaos] herauszutreten. Auch die letzten [Begriff], die [Universalien], müssen aus dem [Chaos] heraustreten welches sie [expliziert]. So [verweist] ein jeder [Begriff] auf [Probleme], denn ohne diese [Probleme] hätte [er] keinen [Sinn].

---

1 [Was ist Philosophie], Gilles Deleuze, Felix Guattari, Suhrkamp Verlag, Erste Auflage 1996, Frankfurt am Main 1996, S. 21

Für Herman Melville stellt [Weiß] ein solches [Problem] dar – denn [Moby Dick] ist ein [weißer Wal]. Der [Weiße Wal] wird zum [Träger] einer sehr intensiven [Wahrnehmung]. Er ist [Bestandteil] der [See], denn ohne den [weißen Wal] könnte die [See], wie sie uns von Herman Melville geschildert wird, nicht zum Erscheinen gebracht werden. Die [See], in welcher [Moby Dick] sich [bewegt], kann erst durch das [Weiß] des [Wals] zu einem [Ganzen] [werden].
Die [See] braucht den [Wal] und der [Wal] braucht die [See].

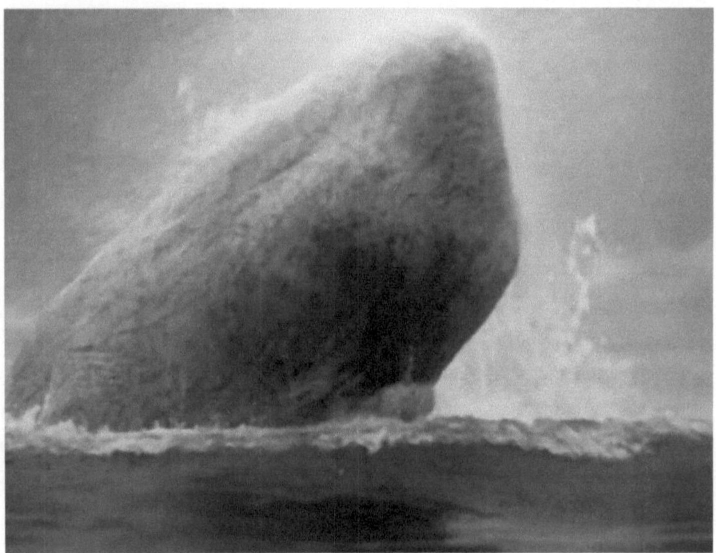

Der [Weiße Wal] ist aber kein gewöhnlicher Fisch, er besitzt eine Lunge und benötigt [Luft] zum [atmen]. [Moby Dick] [verschränkt] die [See] mit der [Luft] und die [Luft] mit der [See]. So folgt der [Begriff], wie der des [weißen Wals] einer [Geschichte], auch wenn diese [Geschichte] einen [Zickzackkurs] ergeben mag. Es kann aber auch sein, dass diese [Geschichten] mit anderen [Problemen] und [Begriffen] [verbunden] sind, dass sie aus [Stücken] und [Komponenten] [ent- und bestehen] oder aber, dass sie selbst wiederum andere [Probleme] und [Begriffe] [bedingen].

»Dies ist zwangsläufig so, weil jeder Begriff einen neuen Schnitt vollzieht, neue Konturen annimmt, von neuem aktiviert oder zugeschnitten werden muss.«[2]

Ein [Begriff] [vollzieht] ein [Werden], und dieses [Werden] betrifft das [Verhältnis] zu anderen [Begriffen], welche sich auf derselben [Ebene] befinden. [Sie] [passen] sich einander an, [überschneiden] hie und da einander, [bilden] [untereinander] neue [Konturen] oder [stimmen] ihre [Konturen] [aufeinander] ab. Solche [Begriffsverhältnisse] [bilden] ihre jeweiligen [Probleme] und gehören zur selben [Philosophie], selbst wenn sie [differierende Geschichten] [erzählen].

»Denn mit einer endlichen Anzahl von Komponenten wird sich jeder Begriff in andere, anders zusammengesetzte Begriffe verzweigen, die jedoch andere Gebiete derselben Ebene konstituieren, anschließbaren Problemen entsprechen, und an einer Mitschöpfung teilhaben.«[3]

Ein [Begriff] benötigt einen [Umschlagplatz] von [Problemen], denn an diesem [Umschlagplatz] geht er [Verbindungen] mit [anderen] [koexistierenden Begriffen] ein, und [entwirft] [komplexe Begriffsverkettungen] um eine [Serie] weiterer [Begriffe], [Ableitungen], [Probleme] und [Geschichten] zu [produziert].

[Moby Dick] – [Weiß] – [See] – [Pequod] – [Ahab] – [...]

Solche [Begriffe] reichen ins [Unendliche] und sind, wenn sie einmal erschaffen wurden, niemals aus nichts erschaffen. So ist es ein wichtiger [Bestandteil] eines [Begriffs] seine [Komponenten] [unzertrennbar zu verbinden].

2 Ibid. S. 24

3 Ibid. S. 24

»[...] deutlich geschieden, heterogen und dennoch nicht voneinander trennbar – dies ist der Status der Komponenten oder dessen, was die Konsistenz des Begriffs, seine Endo-Konsistenz definiert.«[4]

Deutlich unterschiedene [Komponenten] weisen immer auch eine [partielle Überlappung], eine [Nachbarschaftszone] oder eine [Ununterscheidbarkeitsschwelle] mit anderen den [Begriff] [konstituierenden Komponenten] auf. Die [Komponenten] bleiben jedoch [unterschieden], dennoch geht etwas von der [einen Komponente] in die [andere Komponente] [über], [etwas], von dem man nicht weiß, zu welcher der beiden [Komponenten] es gehört. Es [bildet] sich eine [Untrennbarkeit] und diese [Untrennbarkeit] definiert die [innere Konsistenz] des [Begriffs]. Der [Begriff] besitzt aber auch eine [Verschränkung] mit anderen [Begriffen], eine [Exo–Konsistenz]. Es [verwirklicht] sich im [Begriff] ein [Werdensprozess] und durch seine [Exo–Konsistenz] entstehen [Zonen], [Brücken] und [Übergänge]. Sie [bilden] die [Nahtstellen] des [Begriffs]. Folglich kann ein [Begriff] [zugleich] als [Koinzidenz-, Kondensations- oder Akkumulationspunkt] seiner [eigenen Komponenten] angesehen werden.

»Der Begriffspunkt durchläuft unaufhörlich seine Komponenten, steigt unaufhörlich in ihnen auf und ab.«[5]

Eine jede [Begriffskomponente] ist ein [intensives Merkmal] des [Begriffs]. Sie kann als [einfache oder reine Singularität] aufgefasst werden. Sie [trägt] weder das [Allgemeine] noch das [Besondere] in sich. Eine solche [Singularität] [verallgemeinert] oder [besondert] sich nur in dem Maße, in welchem man ihr [variable Werte] verleiht oder ihr eine [konstante Funktion] zuweist.[6]

Die [Komponenten] des [Begriffs] sind rein [ordinal] und weder [Konstanten] noch [Variablen]. Sie sind [reine und einfache Variationen]. Die [Variationen] sind rein nach ihrer [Nachbarschaft] zu anderen [Komponenten] [organisiert]. Ihrem [Verhalten] nach sind sie [prozes-

4 Ibid. S. 26

5 Ibid. S. 26

6 Vgl. ibid. f.

sual und modulatorisch]. Der [Begriff] selbst ist ein [Unkörperliches], obgleich sich der [Begriff] in den [Körpern] [inkarniert] oder [verwirklicht]. Er [verschmilzt] jedoch nicht mit dem [Sachverhalt], in welchem er [evolutiv organisch] sich zu [verwirklichen] trachtet.

Der [Begriff], [Weißer Wal], [verschmilzt] nicht mit dem [wirklichen Walkörper] [Moby Dicks]. Er [ist] nicht sein [Wesen] [an sich], sondern er [beschreibt] vielmehr all die [Eindrücke] und [Geschichten] welche sich um den berühmten [Wal] [ereignen] – sein [Auftauchen], und sein [Verhältnis] zu anderen [Begriffen]. Er [verschränkt] [Brücken] und [Zonen] zu anderen ihm [benachbarten Begriffen], [Geschichten], [Ereignissen], [Eindrücken]. So führt uns Herman Melville, durch den [Erzähler] der [Geschichte] des [einen] [weißen Wals] – [Moby-Dick] – zu einer [Wahrnehmung], welche sich an [Land], [Auf der Straße], [ereignet].

»In New Bedford aber stehen echte, rechte Kannibalen schwatzend an den Straßenecken, unverfälschte Wilde, die zum großen Teil noch ›unreines‹ Fleisch auf den Knochen tragen. Da kann ein Fremder Augen machen.«[7]

Der [Begriff] des [weißen Wals] [verschränkt] [andere Ereignisse], welche sich [um ihn] und [durch ihn] [ereignen] – einem [Gefäß] gleich, das fortwährend mit anderen [Gefäßen] zu [kommunizieren] versucht. Solcherlei [Begriffe] [zeigen] sich als [Oberflächen] oder [absolute Volumina] und [bilden] ihre [untrennbar unterschiedenen Variationen] heraus. [Sie] [überfliegen] [sich].

»Das ›Überfliegen‹ ist der Zustand des Begriffs oder seine eigentümliche Unendlichkeit, obwohl die Unendlichen mehr oder weniger groß sind, je nach Ziffer der Komponenten, Schwellen oder Brücken.«[8]

Dabei ist der [Begriff] ein [Denkakt], welcher sich durch eben jenes [denken] für Deleuze und Guattari mit [unendlicher Geschwindigkeit] [vollzieht]. Dennoch gibt es für die [beiden] in der [Bewegung] des [Überflugs] [mehr oder weniger große Geschwindigkeiten] und der

7 [Moby-Dick [Auf der Straße]], 6. Kapitel, S. 56

8 [Was ist Philosophie], Gilles Deleuze, Felix Guattari, Suhrkamp Verlag, Erste Auflage 1996, Frankfurt am Main 1996, S. 28

[Begriff] [erscheint] [absolut und relativ] [zugleich]. So [verhält] sich der [Begriff] [relativ] zu seinen [eigenen Komponenten], zu [anderen Begriffen], zur [Ebene] auf der sich der [Begriff] [abgrenzt] und zu den [Problemen] die er [lösen] soll. [Absolut] [verhält] sich der [Begriff] zu der von ihm [vollzogenen] [Verdichtung], durch den [Ort], den er auf der [Ebene] [besetzt], durch die [Bedingungen], die er dem [Problem] [zuweist]. Der [Begriff] ist [absolut] als [Ganzes], [relativ] jedoch als [Fragment].

»Er ist unendlich in seinem Überfliegen oder seiner Geschwindigkeit, endlich aber in seiner Bewegung, die den Umriß der Komponenten zieht.«[9]

Der [Weiße Wal] [scheint] [allgegenwärtig] zu sein und seine [Geschwindigkeit] [unendlich] –[absolut und relativ] [zugleich]. Seine [Existenz] [bildet] immer ein [Ganzes], sein [Auftauchen] jedoch bleibt immer [fragmentarisch].

»Einer indessen, ein ganz abergläubisches Gemüt, verstieg sich sogar bis zu dem Wahn, Moby-Dick sei allgegenwärtig: zu ein und demselben Zeitpunkt sei er in ganz entgegengesetzten Breiten angetroffen worden, und er wusste allerlei Tatsachen dafür vorzubringen.«[10]

Auch wenn ein [Philosoph] ständig seine [Begriffe] [wechselt], ist die [Art und Weise] wie er sie [überarbeitet], einen [Detailpunkt] findet und dadurch zu einer [neuen Verdichtung] gelangt, [neue Komponenten] [hinzufügt] oder [Brücken] zu [anderen Begriffen] [schlägt], [absolut]. [Absolut] ist der [erschaffene Begriff], der [sich an sich selbst] und [zusammen] mit anderen [Begriffen] [verschränkt] und [setzt]. Der [Begriff] besitzt keine [Referenz]. [Er] [setzt sich selbst], und [gleichzeitig mit seiner Entstehung] [entsteht] auch sein [Gegenstand]. Erst der [Begriff] [Weißer Wal] hat den [Wal] [Moby-Dick] nach einer [Serie] von [Ereignissen], [Wahrnehmungen] und [Erfahrungen] zu dem [Wal] gemacht, der den [Gegenstand] des [Begriffs] [ausmacht]. Und [betrachtet] man die [Bewegung], die der [Begriff] des [weißen Wals]

9 Ibid. S. 55

10 [Moby-Dick [Moby-Dick]], 41. Kapitel, S. 201

[vollzieht], so gleicht er eher einem [Zickzackkurs] als einer [geraden Linie].

»Über alle vier Weltmeere spann er sein Netz aus Strömungen und Wirbeln, die das Ziel, das eine suchten, von dem er besessen war.
[...]
War also Moby-Dick früher einmal auf dem Seychellen-Grund im Indischen Ozean oder in der Vulkanbucht an der japanischen Küste gesichtet worden, so besagt das noch nicht, daß er dort diesmal zu derselben Jahreszeit unfehlbar mit der ›Pequod‹ aneinander geraten müsste.«[11]

Für Deleuze und Guattari ist [Philosophie] keine [diskursive Formation] da sie keine [Propositionen] aneinanderreiht, und ihre [Begriffe] seien deshalb auch nicht [diskursiv]. [Propositionen] stellen immer einen [Sachverhalt] zu den [Dingen] oder den [Körpern] her. Ihre [Beziehung] ist eher [operational] und deshalb in einem [begrenzten] [Korrespondenzkomplex], welcher wiederum die [Diskursivität] in [extensiven Systemen] [definiert]. Den [variabel diskursiven Propositionen] steht jedoch die [Untrennbarkeit] der [Variationen] im [Begriff] gegenüber.
»Begriffe jedoch sind Schwingungszentren, und zwar jeder für sich und alle untereinander.«[12]
Die [Begriffe] [treten] in [Resonanzräume] ein. In ihnen gibt es keinen [Grund], warum sie aufeinander folgen sollten. Ihre [beweglichen Brücken] sind [Kreuzungen] oder [Umwege].

»Da man sich einmal daran gewöhnt hatte, mit derartigen Wundern zu rechnen, und überdies wusste, dass der weiße Wal aus wiederholten erbitterten Zusammenstößen lebendig davongekommen war, so überrascht es nicht sonderlich,

11 [Moby-Dick [Die Seekarte]], 44. Kapitel, S. 218

12 [Was ist Philosophie], Gilles Deleuze, Felix Guattari, Suhrkamp Verlag,, Erste Auflage 1996, Frankfurt am Main 1996, S. 30

wenn manche noch einen Schritt weitergingen und Moby-Dick Unsterblichkeit zuschrieben, Allgegenwart in Raum und Zeit.«[13]

Der [Begriff] hat kein anderes [Objekt] als die [Untrennbarkeit der Komponenten], welche er immer wieder [durchläuft]. Diese [Untrennbarkeit] macht seine [Konsistenz] aus.

Unzählige [Walfänger] sind nach dem [weißen Wal] in [See] gestochen und schleuderten ihre [Lanzen] und [Harpunen] nach [ihm]. Doch je mehr [Lanzen] und [Harpunen] sich in seinen [Körper] [bohrten], desto [mächtiger] und [furchteinflößender] wurde [Moby-Dick]. Jede [Harpune] und jede [Lanze] ein [weiteres Ereignis], welches den [weißen Wal] immer [übermächtiger] [werden] lässt. Der [Begriff] [weißer Wal] ist wie seine [wirkliche Physis] [unzertrennlich]. Kein [außenliegendes Ereignis] scheint in der Lage, die [physische Unzertrennlichkeit] seines [Begriffs] und seiner [Komponenten] aufzuheben.

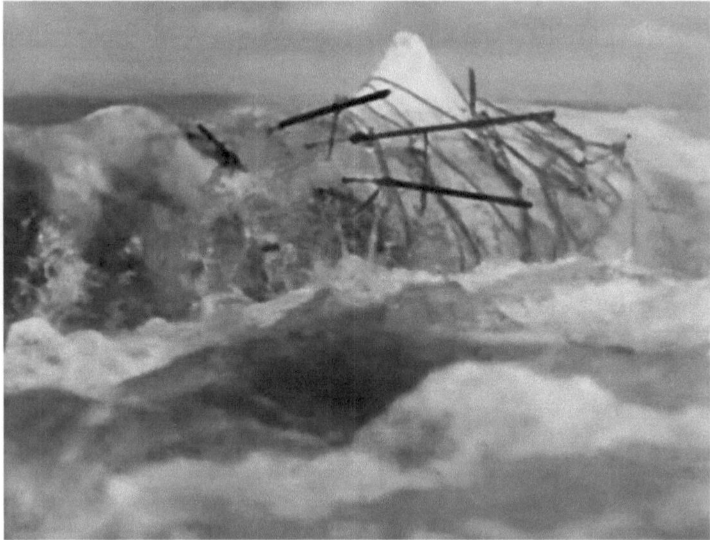

13 [Moby-Dick [Moby-Dick]], 41. Kapitel, S. 201

»Ein wahrer Lanzenwald stäkte ihm schon in den Flanken, dennoch schwimme er jedesmal unversehrt davon, so könnte das nur ein unheimliches Trugbild sein, denn Hunderte von Meilen entfernt werde trotzdem sein reiner, weißer Strahl wieder aus hellen Wogen aufsteigen.«[14]

Der [Weiße Wal] wird zum [Träger ästhetischer Projektionen]. So ist es auch nicht verwunderlich, dass man ihn mit allerlei gespenstischen und ungewöhnlichen [Erscheinungen] auf [See] in [Verbindung] bringt. Sie alle tragen jedoch zu seinem [fortwährenden Werden] bei.

»In der Ferne hob sich etwas Weißes aus dem Meere, hob sich langsam immer höher, bis es sich deutlich vom Blau unterschied und endlich wie eine eben abgestürzte Lawine vor unserm Bug schimmerte. Einen Augenblick strahlte es auf, dann langsam, langsam versank es wieder und tauchte noch einmal auf in stillem Glanz. Ein Wal schien es nicht zu sein. Oder war es Moby-Dick dachte Daggoo. Wieder verschwand es, wieder stieg es empor, und nun durchfuhr alle Schläfer des Negers gellender Ruf wie ein Dolch: ›Da! Da wieder! Da springt er! Gerade voraus! Der Weiße Wal! Der Weiße Wal!‹

[...]

Vor uns auf dem Wasser trieb eine riesige weiche Masse von schneefarbenen Glanz, gut zweihundert Meter im Durchmesser. Von ihrer Mitte gingen zahllose Arme aus, die wie ein Schlangenknäuel sich wanden und entrollten, um blindlings alles zu packen, was das Unglück hatte, ihnen in den Griff zu kommen. Etwas wie ein Gesicht, eine Vorder- und Rückseite, war nicht zu erkennen, auch nichts, was auf Sinne und Empfindungen hindeutete. Was Weiße ließ sich von den Wellen schaukeln, unirdisch, ungestalt, eine formlose Erscheinung des Lebens.«[15]

[Begriffe] und deren [Mannigfaltigkeiten] sind [untrennbar miteinander verbunden]. Sie [bilden] ihre [selbstbezüglichen Oberflächen und Volumina] [heraus] und [setzen] sich aus [untrennbar intensiven Vari-

---

14 Ibid. f.

15 [Moby-Dick [Der Krake]], 59. Kapitel, S. 201

ationen] [zusammen]. Sie befinden sich in [Nachbarschaftsordnungen] und ihre [Variationen] werden von einem [Punkt] aus, in einem [Überflug] durchlaufen. Sie [bilden] [Umrisse], [Konfigurationen] oder [Konstellationen] [zukünftiger Ereignisse]. [Immer und immer wieder] [überfliegt] der [Begriff] des [weißen Wals] seine [Ereignisse], welche sich durch [ihn und mit ihm verschränken]. Er [überfliegt] dabei [zugleich] auch seine eigenen sehr [intensiven Variationen].

»Er nahm die Kleidkeule, und den Hammer in der erhobenen Rechten, das Goldstück in der Linken, daß alle es sehen konnten, trat er auf den Großmast zu und rief aus: ›Wer von euch einen Wal sieht, einen Wal mit weißem Kopf, mit zerfurchter Stirn und schiefem Maul, wer mir den Weißkopf zuerst sieht – drei Löcher hat er in der rechten Schwanzflosse – wer ihn sieht, den weißen Wal – seht her Jungens, der soll die Dublone haben!‹

[...]

›Es ist ein weißer Wal‹, fing Ahab wieder an und warf die Keule zu Boden, ›ein weißer Pottwal! Augen auf, Jungens, paßt auf, wo das Wasser weiß wird. Und wenn ihr nur eine Blase seht, singt sie aus!‹

[...]

›Korkenzieher, jawohl!‹ Ahab hatte verstanden. ›Hast recht, Quiqueg, die Harpunen hat er alle in sich, verdreht und verbogen. Hast recht, Daggoo, einen Strahl bläst er wie eine Hocke Weizen so dick, und schneeweiß wie ein Stapel Nantucketer Wolle nach der Schur. Hast recht, Tashtego, er schlägt wie ein geplatzter Klüver im Wind. Tod und Teufel, Jungens, ihr habt Moby-Dick gesehen, wirklich, Moby-Dick!‹ «[16]

Der [Begriff] [produziert] ein [Ereignis]. Ein solches [Ereignis] [verschmilzt] nicht mit dem [Sachverhalt] selbst, sondern [verkörpert] sich in ihm. Als sei dieser [Sachverhalt], durch welchen sich der [Begriff] [verkörpert], eine Art [Projektionsfläche], aus der heraus er ein [Ereignis] aus den [Dingen] und [Wesen] [freilegt]. Dies ist für Deleuze und Guattari die Aufgabe der Philosophie, wenn sie dabei ist, [Begriffe]

16 [Moby-Dick [Auf dem Achterdeck]], 36. Kapitel, S. 182 f.

und [Entitäten] zu [erschaffen]. Der [Begriff] des [weißen Wals] ist ein so [mächtiger] [Begriff], dass er nicht ohne einen in der [Nachbarschaft] [angesiedelten] [Begriff] zu [denken] ist – [Ahab] und so [begegnen] wir durch den [weißen Wal] auch einer [wirklichen Begriffsperson].

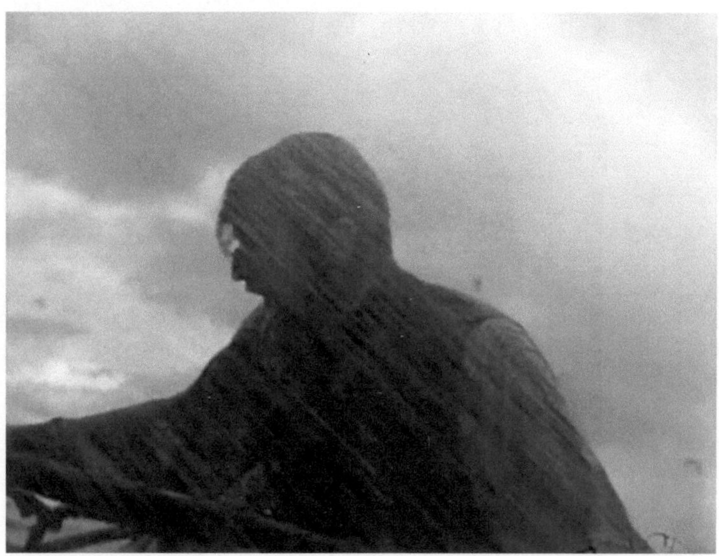

»Es gibt zahllose Ebenen, mit je eigener Krümmung, und sie gruppieren und trennen sich gemäß den durch die Personen gebildeten Gesichtspunkten. Jede Person hat mehrere Merkmale, die weitere Personen auf derselben Ebene oder einer anderen hervorbringen können: eine Wucherung von Begriffspersonen. Auf einer Ebene gibt es eine unendliche Zahl möglicher Begriffe: sie geben einander Echo, verbinden sich mittels beweglicher Brücken, aber es ist unmöglich, den Lauf vorauszusehen, den sie je nach Krümmung der Ebene nehmen werden.«[17]

---

17 [Was ist Philosophie], Gilles Deleuze, Felix Guattari, Suhrkamp Verlag, Erste Auflage 1996, Frankfurt am Main 1996, S. 87

Literatur

Balke, F., & Hrsg: Vogel, J. (1966). *Gilles Deleuze - Fluchtlinien der Philosophie.* München: Wilhelm Fink Verlag.

Carrol, L. (erste Auflage 1973). *Alice im Wunderland.* Frankfurt am Main: Insel Verlag.

Deleuze, G. (1. Auflage 1997). *Das Bewegungs - Bild; Kino 1.* Frankfurt am Main: suhrkamp taschenbuch wissenschaft; Suhrkamp Verlag.

Deleuze, G. (1997). *Das Zeit - Bild; Kino 2.* Frankfurt am Main: suhrkamp taschenbuch wissenschaft; Suhrkamp Verlag.

Deleuze, G. (1993). *Logik des Sinns.* Frankfurt am Main: edition suhrkamp.

Deleuze, G., & Guattari, F. (1. Auflage 1974, 1977). *Anti - Ödipus.* Frankfurt am Main: suhrkamp taschenbuch wissenschaft.

Deleuze, G., & Guattarie, F. (1. Auflage 1996). *Was ist Philosophie.* Frankfurt am Main: Suhrkamp Verlag.

Eisenstein, S. (1988). *Das dynamische Quadrat; Schriften zum Film* (Bd. 1. Auflage). Leipzig: Verlag Philipp Reclam jun.

Heidegger, M. (1963). *Sein und Zeit.* Tübingen.

Heidegger, M. (15. Auflage 1998). *Was ist Metaphysik.* Frankfurt am Main: Vittorio Klostermann GmbH.

Kandinsky, W., & Kandinsky, a. v. (1952). *Über das Geistige in der Kunst.* Bern: Benteli Verlag.

Kant, I. (1974). *Kritik der Urteilskraft.* Frankfurt am Main: suhrkamp taschenbuch wissenschaft, Suhrkamp Verlag.

Kant, I., & Hrsg: Weischedel, W. (1974). *Kritik der reinen Vernunft 1.* Frankfurt am Main: suhrkamp taschenbuch wissenschaft.

Kaulbach, F., & Hrsgr: Prauss, G. (1973). *Kant, Zur Deutung seiner Theorie von Erkennen und Handeln.* Köln: Kiepenhauer und Witsch; Neue Wissenschaftliche Bibliothek Philosophie.

Malewitsch, K., & Herausgeber: Bulgakowa, O. (1997). *Das weisse Rechteck.* Berlin: Potemkin Press.

Melville, H. (1. Auflage 1946, 1977). *Moby-Dick.* Zürich: Diogenes Verlag AG Zürich, Diogenes Taschenbuch.

Spinoza, B., & Bülow, H. F. (7. Auflage 1976; unveränderter Nachdruck 1982). *Die Ethik; Von dem Ursprunge und der Natur der Affekte.* Stuttgart: Kröner.

Tarkowskij, A. (2. Auflage 2002). *Die versiegelte Zeit; Gedanken zur Kunst, Ästhetik und Poetik des Films.* München: Ullstein Taschenbuchverlag.

Valéry, P. (Erste Auflage 1995). *Monsieur Teste.* Frankfurt am Main: Suhrkamp Verlag.

Valéry, P. (Erste Auflage 1995). *Windstriche.* Frankfurt am Main: Suhrkamp Verlag.

Vertov, D. (1973). *Schriften zum Film.* München: Carl Hanser Verlag.

Wertow, D., & Hrsg: Kronlechner, P. u. (1967). *Aus den Tagebüchern.* Wien: Österreichische Filmmuseum.

Wittgenstein, L. (1994). *Wiener Ausgabe, Studien Texte; orig. Ludwig Wittgenstein – Wiener Ausgabe: Philosophische Bemerkungen.* Wien: Springer-Verlag.

Filmverzeichnis

Anmerkung: Sämtliche in der vorliegenden Arbeit verwendeten Filmbilder wurden vom Autor per DVD-Screenshot hergestellt und ausschließlich zur Veranschaulichung der gestellten Problematik verwendet.

Lost Highway; USA 1997; Regie: David Lynch; Drehbuch: Barry Gifford, David Lynch; Produzenten: Deepak Nayar, Tom Sternberg, Mary Sweeney Musik: Barry Adamson, Angelo Badalamenti, David Bowie, Billy Corgan, David Lynch, Marilyn Manson, Lou Reed, Trent Reznor, Rammstein; Kamera: Paul Hughen; Darsteller: Bill Pullman (Fred Madison), Patricia Arquette (Renee Madison/Alice Wakefield), Balthazar Getty (Pete Dayton), Robert Blake (Mystery Man), Robert Loggia (Mr. Eddy), Natasha Gregson Wagner, Richard Pryor, Lucy Butler, Michael Massee, Jack Nance, Henry Rollins, Gary Busey, Marilyn Manson u.v.a. Länge: ca. 135 min

Citizen Kane; USA 1941; Regie: Orson Welles; Drehbuch: Orson Welles und Herman J. Mankiewicz Musik: Bernard Herrmann; Kamera: Gregg Toland; Darsteller: Orson Welles, Joseph Cotton, Ruth Warrick, Dorothy Comingore, u.v.a Länge: ca. 114 min

Man with a Movie Camera; Soviet Union 1929; Regie: Dziga Vertov Drehbuch: Dziga Vertov; Musik: Dziga Vertov, The Alloy Orchestra; Kamera: Mikhail Kaufman; Länge: ca. 68 min

Moby-Dick; USA 1956; Regie: John Huston Drehbuch: Ray Bradbury, John Huston; Kamera: Oswald Morris; Darsteller: Gregory Peck, Richard Basehart, Leo Genn, Orson Welles, u. v. a. Länge: ca. 110 min

Film

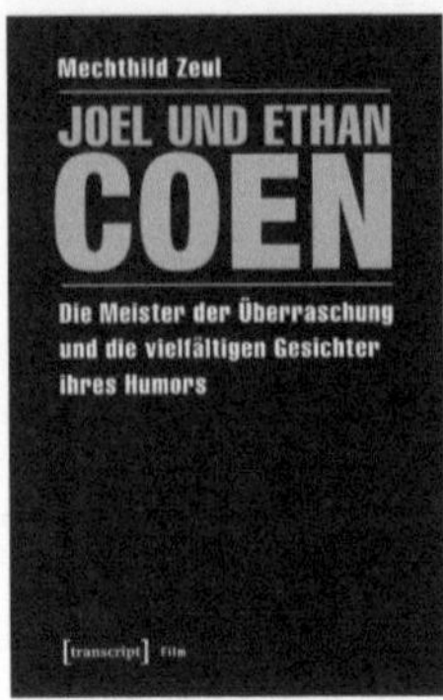

Mechthild Zeul
Joel und Ethan Coen
Die Meister der Überraschung und die vielfältigen Gesichter ihres Humors

Januar 2017, ca. 220 Seiten, kart., ca. 29,99 €,
ISBN 978-3-8376-2929-3

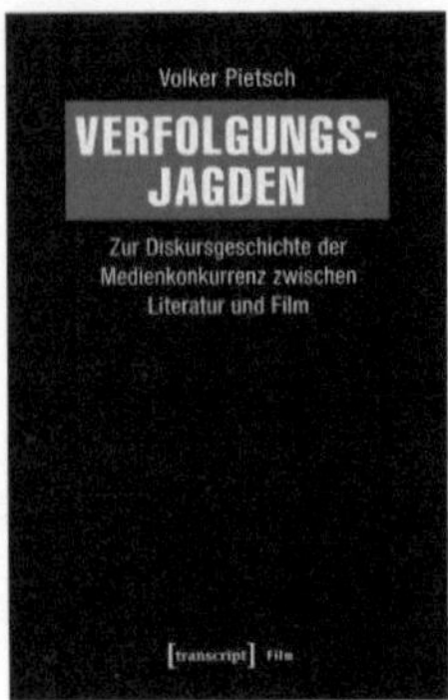

Volker Pietsch
Verfolgungsjagden
Zur Diskursgeschichte der Medienkonkurrenz zwischen Literatur und Film

Januar 2017, ca. 340 Seiten, kart.,
zahlr. z.T. farb. Abb., ca. 34,99 €,
ISBN 978-3-8376-3386-3

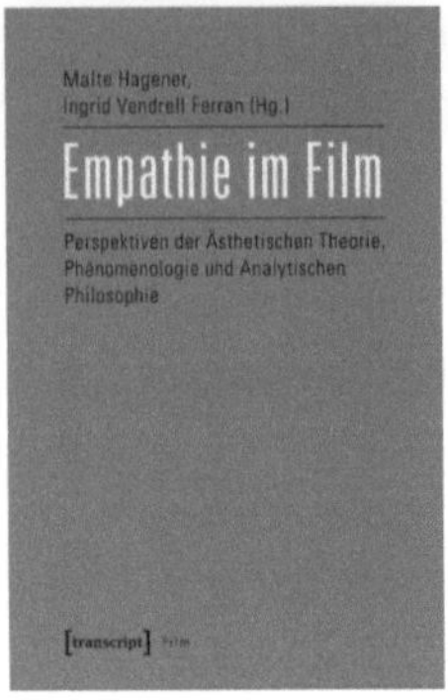

Malte Hagener, Ingrid Vendrell Ferran (Hg.)
Empathie im Film
Perspektiven der Ästhetischen Theorie, Phänomenologie und Analytischen Philosophie

Dezember 2016, ca. 210 Seiten, kart., ca. 29,99 €,
ISBN 978-3-8376-3258-3

Film

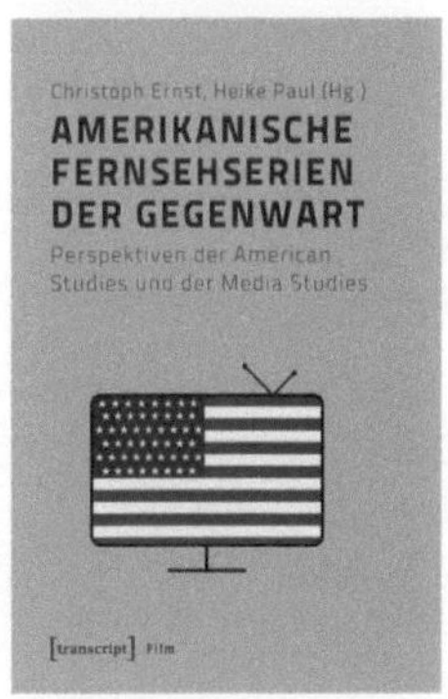

Christoph Ernst, Heike Paul (Hg.)
Amerikanische Fernsehserien der Gegenwart
Perspektiven der American Studies
und der Media Studies

2015, 348 Seiten, kart., zahlr. Abb., 39,99 €,
ISBN 978-3-8376-1989-8

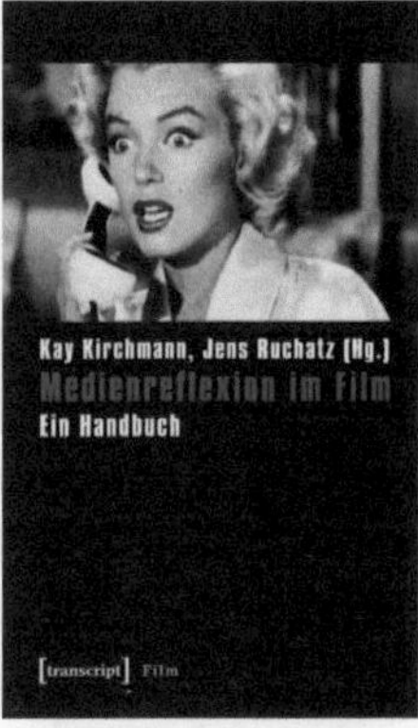

Kay Kirchmann, Jens Ruchatz (Hg.)
Medienreflexion im Film
Ein Handbuch

2014, 458 Seiten, kart., zahlr. Abb., 34,99 €,
ISBN 978-3-8376-1091-8

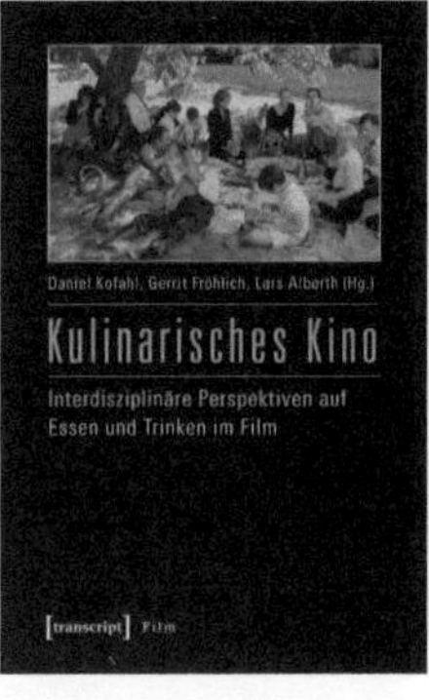

Daniel Kofahl, Gerrit Fröhlich, Lars Alberth (Hg.)
Kulinarisches Kino
Interdisziplinäre Perspektiven auf Essen
und Trinken im Film

2013, 280 Seiten, kart., 29,80 €,
ISBN 978-3-8376-2217-1

Leseproben, weitere Informationen und Bestellmöglichkeiten finden Sie unter www.transcript-verlag.de

Film

Vanessa Marlog
Zwischen Dokumentation und Imagination
Neue Erzählstrategien im ethnologischen Film
Februar 2016, 218 Seiten, kart., 34,99 €,
ISBN 978-3-8376-3398-6

Vera Cuntz-Leng
Harry Potter que(e)r
Eine Filmsaga im Spannungsfeld von Queer Reading, Slash-Fandom und Fantasyfilmgenre
2015, 488 Seiten, kart., zahlr. z.T. farb. Abb., 49,99 €,
ISBN 978-3-8376-3137-1

Kathrina Edinger
Ortung – die multimediale Vermessung eines Militärstandortes
Postmoderne Geschichtsschreibung im Dokumentarfilm
2015, 282 Seiten, kart., zahlr. z.T. farb. Abb., 34,99 €,
ISBN 978-3-8376-3114-2

Christa Pfafferott
Der panoptische Blick
Macht und Ohnmacht in der forensischen Psychiatrie. Künstlerische Forschung in einer anderen Welt
2015, 368 Seiten, kart., 34,99 €,
ISBN 978-3-8376-2984-2

Keyvan Sarkhosh
Kino der Unordnung
Filmische Narration und Weltkonstitution bei Nicolas Roeg
2014, 474 Seiten, kart., zahlr. z.T. farb. Abb., 44,99 €,
ISBN 978-3-8376-2667-4

Katharina Müller
Haneke
Keine Biografie
2014, 432 Seiten, kart., 34,99 €,
ISBN 978-3-8376-2838-8

Christiane Hille, Julia Stenzel (Hg.)
CREMASTER ANATOMIES
Beiträge zu Matthew Barneys CREMASTER Cycle aus den Wissenschaften von Kunst, Theater und Literatur
2014, 258 Seiten, kart., zahlr. z.T. farb. Abb., 35,99 €,
ISBN 978-3-8376-2132-7

Henrike Hahn
Verfilmte Gefühle
Von »Fräulein Else« bis »Eyes Wide Shut«. Arthur Schnitzlers Texte auf der Leinwand
2014, 404 Seiten, kart., zahlr. Abb., 39,99 €,
ISBN 978-3-8376-2481-6

Peter Scheinpflug
Formelkino
Medienwissenschaftliche Perspektiven auf die Genre-Theorie und den Giallo
2014, 308 Seiten, kart., 35,99 €,
ISBN 978-3-8376-2674-2

Tobias Nanz, Johannes Pause (Hg.)
Das Undenkbare filmen
Atomkrieg im Kino
2013, 180 Seiten, kart., zahlr. Abb., 26,80 €,
ISBN 978-3-8376-1995-9

Lukas Foerster, Nikolaus Perneczky, Fabian Tietke, Cecilia Valenti (Hg.)
Spuren eines Dritten Kinos
Zu Ästhetik, Politik und Ökonomie des World Cinema
2013, 282 Seiten, kart., zahlr. Abb., 32,80 €,
ISBN 978-3-8376-2061-0

13749802
9805935